《我们深圳》

首部全面记录深圳人文的

非虚构图文丛书

# 营造『天堂』

## 深圳图书馆之路

吴晞／著

我们深圳

SHENZHEN LIBRARY

深圳报业集团出版社

深圳图书馆成为中心区文化地标（肖更浩 摄）

孔子问礼于老子

深圳图书馆（肖更浩 摄）

公共图书馆读者

外来务工人员在阅读

小读者

主题图书区
大字版图书
家庭经典阅读
休闲旅游
健康生活
家庭管理
廉洁图书

深圳图书馆“南书房夜话”活动现场（肖更浩 摄）

深圳图书馆的主题图书区（林洁楠 摄）

遍布深圳各街区的24小时自助图书馆（林洁楠 摄）

# 总序

《我们深圳》？

是的。我们，而且深圳。

所谓“我们”，就是深圳人：长居深圳的人，暂居深圳的人，曾经在深圳生活的人，准备来深圳闯荡的人；是所有关注、关心、关爱深圳的人。

所谓“深圳”，就是我们脚下、眼前、心中的城市：是深圳市，也是深圳经济特区；是撤关以前的关内外，也是撤关以后的大特区；是1978年以来的改革热土，也是特区成立之前的南国边陲；是现实的深圳，也是过去的深圳、未来的深圳。

《我们深圳》丛书，因“我们”而起，为“深圳”而生。

这是一套“故园家底”丛书，它会告诉我们：深圳从哪里来，到哪里去，路边有何独特风景，地下有何文化遗存。我们曾经唱过什么歌，跳过什么舞，点过什么灯，吃过什么饭，住过什么房，做过什么梦……

这是一套“城市英雄”丛书，它将一一呈现：在深圳，为深圳，谁曾经披荆斩棘，谁曾经独立潮头，谁曾经大刀阔斧，谁曾经侠胆柔情，谁曾经出生入死，谁曾经隐姓埋名……

这是一套“蓝天绿地”丛书，它将带领我们遨游深圳天空，观测南来北往的鸟，领略聚散不定的云，呼叫千姿百态的花与树，触碰神出鬼没的兽与虫。当然，还要去海底寻珊瑚，去古村采异草，去离岛逗灵猴，去深巷听传奇……

这是一套“都市精灵”丛书，它会把美好引来，把未来引来。科技的、设计的、建筑的、文化的、创意的、艺术的……这座城市，已经并且正在创造如此之多的奇迹与快乐，我们将召唤它们，吟诵它们，编织它们，期待它们次第登场，一一重现。

这套书，是都市的，是时代的。

是注重图文的，是讲究品质的。

是故事的，是好读的，是可爱的，是美妙的。

是用来激活记忆的，是拿来珍藏岁月的。

《我们深圳》，是你的！

胡洪侠

2016年9月4日

目录
CONTENTS

## 七、有器之用

**——引领现代技术潮流**



## 八、鲁壁名山

**——文献资源保障**



## 九、新翻杨柳

**——数字资源与数字阅读**



## 十、天下共读

**——全民阅读与图书馆之城建设**



## 相关附录

人称世界上首座现代意义上的公共图书馆，爱德华兹成为曼彻斯特公共图书馆的首任馆长。1850年的《公共图书馆法案》不过是英国议会通过的诸多法案之一，曼彻斯特公共图书馆的创建当时也不是轰动

曼彻斯特公共图书馆的建立，却是公共图书馆诞生的标志，也是西方现代图书馆的历史起点。从此以后，世界上出现了以立法支持为基础、以公共资金为支持、对市民完全免费开放的公共图书馆，图书馆的

馆的核心理念。因此，爱德华兹是现代公共图书馆的理论奠基人和先行者，被称为“公共图书馆之父”，曼彻斯特公共图书馆创立的1852年被认作是“公共图书馆元年”。从19世纪后期开始，公共图书馆的发

益于在免费的公共图书馆读书，才有了日后的事业发达，因此对公共图书馆有深厚的感情。后来他将自己巨额财富的90%用于慈善公益事业，其中相当部分捐赠给了图书馆。在1876—1923年间，卡内基捐赠

使美国的图书馆逐渐形成规模，文献量迅速增长，读者服务规模急剧扩大。由此，图书馆在美国等西方国家成为蓬勃发展的事业。事业的飞速发展迫切呼唤与之相适应的新理论和新学科。现代图书馆学的创

地位。而后，杜威发起成立了世界上第一个图书馆专业协会“美国图书馆协会”（ALA），创建了世界上第一个正规的图书馆学教育机构“哥伦比亚大学图书馆管理学院”，创办了世界上第一份图书馆学专业

美誉。杜威之后，以美国为主的西方国家涌现出一大批图书馆学家，形成了诸多的学派，改变了以往的图书馆内部类似师傅带徒弟的知识传授方式，使图书馆学由“技能”成为一门“学问”。理念支撑，事业

，西风。西学东渐是近代中国特有的重要历史现象和发展潮流。现代图书馆也不例外。在19世纪末和20世纪初，也就是我们所说的清朝末年，新型的西方式现代图书馆开始传入中国。自1840年鸦片战争后，

仍然背负着几千年的巨大惰性，生活在传统的精神世界里，对来自西方的新事物采取蔑视、排斥的态度，大凡遇有新事物，皆以“盖我中华古已有之”来自欺和抵制。19世纪90年代是一个重要的转折点。这

，尤其是沉酣于几千年旧传统之中的士大夫们悚然惊醒，有识之士把目光投向了西方，开始有意识地走上了学习西学、变法图强的道路。兴建新型图书馆的思想舆论即在这时开始形成，形成了一股强大的思

著名的思想界先驱和维新派主将而闻名于世，但人们可能尚不熟知的是，他还是现代图书馆事业的主要倡导者、推行者和奠基人。在19世纪90年代新式图书馆观念传入、形成和推广的过程中，梁启超以他

年为兴建西方式的新型图书馆奔走呼号，撰写了大量推动舆论的雄文，还亲自参与了强学会书藏、京师大学堂藏书楼等早期图书馆的创建，晚年还曾担任京师图书馆馆长、中华图书协会首届董事长（董事部

要兴建于“清末新政”时期，亦即1900年“庚子之变”之后至1911年辛亥革命这一历史阶段。过去人们对于“清末新政”的评价偏于负面，将其说成是清政府苟延残喘、欺骗人民的伎俩。其实并不尽然，新

建了一大批公费官办的省一级地方图书馆，使图书馆由“民办”转为“官制”，奠定了新型图书馆事业的基础。这些图书馆大多经受了百年风雨而留存下来，至今仍然是国家图书馆事业的骨干中枢。1909年，

的清王朝涂抹了最后几点亮色。舶来品 在此需要澄清的是，虽然中国古代社会中有着异彩纷呈的藏书楼阁和兴旺发达的文献收藏事业，但中国的图书馆是西方思想文化传入的产物，亦即“西风东渐”的结

中国的图书馆从产生之日起，走的便是一条全新的道路，是在新的起点上从头开始的。这里无须做专业化的论证，只举一个例子来说明。“图书馆”这个词借用的是日文“図書館”，是梁启超最先使用的，并

林总总的私家藏书楼，在传统中文词汇中有那么多风雅典丽、文化内涵丰富的表述，但先驱们却偏偏选用了这个外来的新词语。可见在梁启超和当时“睁眼看世界”的士大夫们心目中，图书馆就是个外来的

社会才出现的民主、民权、平等、公正等观念的象征，也是公民社会的标志。公共图书馆的问世，实际上是社会发展到一定阶段才会有的现象，是社会民主、公民权利和社会平等现代人文意识成熟的结果。

中国要到19世纪末和20世纪初方见端倪。由此可见，公共图书馆是时代的产物，是在历史大潮中应运而生的。而中国公共图书馆的发展还与一位传奇的美国女图书馆员韦棣华紧密相关。韦棣华本名玛丽•伊

后留居武昌，在美国圣公会创办的武昌文华书院任英语教员。任教之余，韦棣华尝试在文华书院创办阅览室和藏书室，并不断扩大规模。1910年，经过艰苦努力，韦棣华自行筹款创建了一座新的图书馆，取

的一所开放式的图书馆，也是我国第一座真正意义上的现代公共图书馆。文华公书林的创建和开放，在我国公共图书馆发展历史上具有里程碑意义。韦棣华这位为中国公共图书馆事业无私奉献一生的美国女

国传统社会，尤其是沿袭千年的藏书制度，带来了一系列的冲击和变化：—— 古代藏书机制逐步衰落，新型文献机构日渐兴起；—— 社会文献从私有化和只为少数人所利用，转变为公共化、社会化、公益化

学产生。这一历史性嬗变持续了一个多世纪。时至1986年，深圳图书馆正式建立。当是时也，公共图书馆已经问世一个半世纪，中国的公共图书馆也沐浴了近百年的风雨，深图不过是个新兴者、后起之秀，

而，自此以后，特区出了个图书馆，中国有了个引领潮流的标志性公共图书馆。“犹有清歌，随风迢递，声在菱荷深处。”在算不上悠长的岁月里，深图为深圳特区，为全国公共图书馆事业，发挥了独特的、

作者当时所处的英国维多利亚时期的时代特征。在深图创建的20世纪80年代后期和其后的90年代，中国公共图书馆的状况亦如狄更斯所描述，进入了一个最好的时代，也处于一个最坏的时代。说是最好的

设兴建起来，馆舍设备改善，藏书数量增多，读者规模扩大，都是前所未有的。深图就是这一时期的典型代表。作为深圳特区“八大文化设施”之一，深图自问世时起，就以典雅的馆舍、先进的设施和现代

表现为人文精神缺失，办馆理念滞后，罔顾公共图书馆的基本原则和使命，“有偿服务”和“区别服务”成为普遍现象，“经营创收”是广为奉行的办馆方针。同时技术与观念滞后，与世界先进图书馆严重脱

路，倍感困惑。深图也未能幸免，这些问题都不同程度地在深图及深圳市各图书馆存在。就在这个最好的时代和最坏的时代，我奉调来到深图。甫到特区，我本充满自信，或者说是自负。毕竟我出身名校科

想。我和深图团队乃至全国志同道合的同仁们一道，深深地卷入了全国公共图书馆改革的大潮。值得欣慰的是，在这历史的拐点上，深图高举公共图书馆的大旗，拨乱反正，明辨是非，勇立潮头，在历史的

前卒。回想起来，尽管不如意处多多，但还是向深圳人民和全国同仁交上了一份大体令人满意的答卷。概括起来，我们主要做了以下几件具有开创意义的事情。首先，我们首次提出了图书馆人文精神这个带

的公共图书馆”。这在当时是具有拨乱反正作用的。面对世界图书馆的发展潮流，我们确立了技术立馆的方针。相继研制开发了“图书馆自动化集成系统（ILAS）”系列产品，率先使用了“无线射频识别（

司步入自动化、数字化的新时代。在确立人文精神、掌握先进技术的基础上，我们成功研制了“城市街区24小时自助图书馆”。这一重大的技术创新和服务成果，为全市读者利用图书馆带来了全新的变革和

当时全国馆舍设备条件最好的公共图书馆。我们充分利用这一条件和时机，全力打造市民阅读的大书房、继续教育学习的大学校，以及从事文化活动的城市“第三空间”。与此同时，收藏特色资源，传承特区

基层图书馆，使深圳成为一座“图书馆之城”。同时大力推进读书活动，打造“阅读之城”。在以下各章里，我会进一步剖析深图的前世今生，解读相关的公共图书馆理念，介绍我们的一些探索。中国是世界

。二、源远流长——中国古代的文献收藏 博大精深 图书馆的核心资源是文献，其传统社会价值之一就是保存文化遗产，建立文献资源保障体系。文献就是文明的载体，也永远是图书馆工作的重中之重，古

多彩的文化遗产，大多是通过各种文献流传至今的。早在中华文明初始之时就出现了文献。甚至在文字产生之前，就有了《河图》《洛书》《连山》《归藏》这样的以图画符号为主的占卜之书。前人曾这样归纳

纸张和印刷术出现之前，我国早期文献的六种形态：陶文、甲骨文、金文、玉石刻辞、简策、帛书，其中最为多见的是简牍和帛书。这是中华文明独到的文献载体，而西方古代文献的三种主要形态是泥版文

了“史官”制度，专门从事典籍的编撰、管理与保存。这些史官乃是要职，史官所掌握的典籍也是国家的重器。史载，夏朝将要灭亡之时，太史令终古携带典籍“出奔如商”；殷商将要灭亡之时，内史向挚

军队率先攻入咸阳，将领们都去争抢金银财帛，唯独萧何抢先把秦王朝的律令图书收藏起来。日后证实了萧何的远见卓识，“汉王所以具知天下阸塞，户口多少，强弱之处，民所疾苦者，以（萧）何具得秦

形成的藏书制度。西周之前基本上是“学在官府”的局面，亦称“学术官守”，反映在文献上则是“官守其书”（章学诚《校雠通义•卷一》），文化、教育和典籍均为官府垄断，王朝史官制度即是其表现。

（《汉书•艺文志》），从此而形成了一整套藏书收集、整理、编撰、校勘、刻印的制度，历代王朝皆遵守为定制，一直沿袭了两千多年。私家藏书起源于春秋战国时期。先师孔子以其毕生的教育活动，变

君子之书不可胜载”（《墨子•卷七》），都是当时私人藏书兴起的事例。隋唐之后，随着纸张和印刷术的发明和普及，私家收藏逐渐蔚为大观，出现了许多著名的藏书家和藏书楼。私家藏书保存了大量文籍

书是书院的重要物质保障。书院源起于唐代，宋代以后尤其发达，明清两朝的书院都超过了千所。书院藏书除购买添置外，还有朝廷赏赐和官员捐献，另外还印制许多本院学者的著述和讲义，别具特色。书

院藏书这三大类型外，中国古代还有寺院藏书。佛教有寺庙的佛藏，道教有宫观的道藏，后来还有了基督教和伊斯兰教的堂院藏书。这些藏书比较另类，管理上较为封闭，难以与其他藏书融合，就不赘述了

载，载入此书的藏书楼就达1,000多家，重点介绍的有400多家；载入的藏书家达2,000多人，重点介绍的有800多人。另据《中国图书馆史•古代藏书卷》，从古代至19世纪末，具有代表性的藏书家共有80人

书的场所称藏书楼，近代以来新型的文献机构称图书馆，这一历史变化的过程被称为从藏书楼到图书馆的转变。但是细究起来，将我国古代的文献收藏称为“藏书”更为恰当。藏书是个由来已久的古老的文

早出处。老子所职掌的周王室藏书室，也是文献记载中最古老的正式的藏书机构，老子就相当于周王朝国家图书馆的馆长。“藏书”一词，实际上是我国古代文献收藏的总称，也是前人的一贯说法。例如“

词，则是一种较为晚出的说法。藏书楼之称究竟出现于何时，目前似乎还很难确切考定，但不会早于唐宋之际，并且发源于私家藏书。据《新唐书•李邺传》记载：“碣好学，家有书至万卷，世号李书楼。”

明清之际，私人藏书进入了鼎盛时代，藏书楼之称便开始风行一时。私人藏书家们往往要将自己的藏书之所标之以“XX楼”“XX阁”的雅称，就是一些没有多少文献收藏的士大夫们，也常常为其书斋取个

号。这样一来，“藏书楼”就成了古代各类文献收藏的统称。就是近代问世的一些早期新型图书馆，往往也标之以藏书楼之名，如京师大学堂藏书楼、古越藏书楼、皖省藏书楼等，实际上是借用这一既有的名

语言中基本上有两种说法，一个是Library，另一个是Bibliotheca。Library源自拉丁语的Liber，意为树皮。因为树皮曾用作书写的材料，所以在意大利语中把书店叫Libraria，而法语中则把书店称作Libraries。这

后来对于存书的场所，希腊语叫Bibliothek，拉丁语则称Bibliotheca，在德语、法语、意大利语、西班牙语中均用这一词称图书馆，只是在拼法上有些小差别。对于Library或Bibliotheca，中国人最初译为“藏

在梁启超主编的《时务报》上，首次出现了“图书馆”一词。但是这一新的提法似乎并没有马上为国人所接受，一些早期的近代图书馆仍以“藏书楼”称之者居多，也有的称“书藏”“书籍馆”“图书院”

《奏定大学堂章程》，其中提到：“大学堂当附属图书馆一所，广罗中外古今图书，以资考证”，并规定其主管人为“图书馆经理官”。这是图书馆一词第一次被官方文件所正式采用。《奏定大学堂章程》颁布

式官方藏书机构。直到1904年，湖南图书馆、湖北图书馆和福建图书馆相继成立，图书馆的名称才开始在社会上通行，其后各地出现的各种新型藏书处所多数都标之以图书馆之名。1909年，京师图书馆（

别指出的是，韦棣华女士在1910年在武昌文华大学创办Boone Library时译为“文华公书林”，可惜这一准确、精彩的译名后来没有得到广泛应用。厘清藏书、藏书楼和图书馆的含义及其关联与区别，是为了

渐”的结果，不是“中华古已有之”的。历史的局限 中国是世界上文献保存数量最多、内容最为丰富连贯的文献大国，藏书楼则是这些文献的载体，是华夏文化的骄子，也是中华文明赖以存在和流传的基本

代图书馆。古代的藏书楼至多可以看作是中国图书馆的历史渊源，但不是它的母体和前身。新型图书馆的本质特征是公益性、公共性，其表现就是面向社会普遍开放；而旧式藏书楼属于私人所有，或由皇家

周二朝，是“学在官府”或“学术官守”的文化垄断，反映在藏书方面，则是“官守其书”的局面，贵族统治者之外的广大民众是与文化、图书无缘的。春秋末年，孔子通过毕生的文化教育活动，实现了从

明并逐渐成为图书文献的主要载体，使图书的传抄和普及变得更为容易和廉价，于是社会上官府藏书之外的各种文献收藏开始多了起来，这是我国文献收藏史上的第二次大变革。唐宋之际，雕版印刷术发明

上的第三次大变革。但是，虽然通过这三次变革，只是增加了社会上图书和图书收藏的数量，却基本上没有改变藏书楼“门虽设而常关”的封闭状态。明代著名藏书家祁承爜的澹生堂藏书楼便是一个典型的例子

必速补。子孙取读者，就堂检阅，阅毕则入架，不得入私室。亲友借观者，有副本则以应，无副本则以辞，正本不得出密园外。…… 勿分析，勿复瓿，勿归商贾手。（祁承爜《澹生堂藏书约》）不难看出，

其措施更为严厉苛刻：司马(天一阁的创始人范钦)殁后，封闭甚严，继乃子孙各房相约为例，凡阁厨锁钥，分房掌之，禁以书下阁楼，非各房子孙齐至，不开锁。子孙无故开门入阁者，罚不与祭三次；私领

然连子孙都不准入内阅读，已经和守财奴埋着金银饿肚皮无异，与文献收藏的本来意义相去何止十万八千里。澹生堂和天一阁只不过是两个典型的例子，类似的严格限制措施在古代为数众多的藏书楼中屡于

可一笔抹煞。归根结底，藏书楼是小生产文化方式的产物，是藏书家的私有财产，不属“公器”范畴，不可能形成面向整个社会的文献信息体制，也不可能承担起服务公众的社会化任务。这是我们不能苛

公诸世为失策”的褊狭传统，以致古书“十不存四五”。他写了一部《流通古书约》，倡议藏书家之间互通有无，使“古籍不亡”，以免因秘不示人遭湮灭。清代乾隆年间，还有一位学者兼藏书家周永年，大

业，传钞者于以流通其书，故以藉书名园”（周永年《儒藏说》），属难能可贵。然而这样的藏书家在中国古代尚属凤毛麟角，其视野和影响均有限，无法得到广泛的社会认同，其举措也难以延续。他们只

惠及乡里则是义举，不是其应有的社会职能和历史使命。据此不难得出结论，旧式藏书不具备转变为新型文献机构的基本机制，不可能成为近现代图书馆的母体，其自身无论怎样发达辉煌，也不会演变为后

上最为重大的一次变革。变革的结果便是旧式藏书楼寿命的终结，新型图书馆历史的开端。中国新型图书馆的源头在西方，但是创建中国现代图书馆的主角是中国人自己，是中国人民自身奋斗和中国社会

## 写在前面

本书讲的是深圳图书馆（简称深图）的故事，并述及深圳全市公共图书馆和图书馆事业。故事讲给那些非本行业的普通图书馆读者，也就是我们常说的读书人。

如同大家所知，深图并不是个历史悠久、藏书丰富、传统深厚的大馆、老馆。她与深圳特区一样，年轻，蓬勃，充满了朝气与活力，自始至终洋溢着青春的气息和成长的冲动。深图既是深圳特区发展建设的产物，履行为深圳市民提供文献信息服务的职责，更是全国乃至世界图书馆的弄潮儿，为全国公共图书馆事业和公益文化事业树立了典范，作出了独有的、不可替代的贡献。

深图的问世与成长恰如时代的一面镜子。因此，本书的故事不拘泥于深图本身与深圳一地，不纠缠于图书馆发展的具体业务细节，如藏书数量、借阅规模、人员结构、设备更新等，而是着眼于特区建设和国内外形势发展大局，从国内外社会潮流和图书馆事业建设的角度来审视深图，或是从深图的故事来映射国内外历史发展和图书馆行业的大势，从世界看深图，从深图看世界。希望读者能够见微知著，藉此窥见几十年来深圳特区、全国乃至世界图书馆及社会历史发展的面貌。

我于1982年从北京大学图书馆学系毕业，先后供职于北京大学和文化部图书馆司，1998年奉调到深圳图书馆，前后履职17年。笔下所述，很多是我的亲历之史和亲为之事，全书的理念与基调也是我笃行多年一以贯之的办馆思想，因此还不可避免地浸透了我个人的好恶与感情色彩。这样著述固然有其局限，但也有不可替代的特点和优势。

我不想放弃这些特点和优势，只是想申明：此书属个人著述，以作者本人的视角讲叙，因此多是一得之功、一孔之见，对诸多人和事的描述不大可能全面公允，也不追求全面公允。书中某些看法既不代表官方，也不代表业界，甚至也不是经严谨研究后得出的结论，只是有此一说而已。倘若书中所述有偏颇之处，我个人当负全部文责。

毋庸置疑，书中叙及的每个大小成就，都是几代深图人和全体深图团队多年不懈努力的成果，也离不开各级领导、全国同仁、社会各界的支持、指导和帮助。这里专门指出，并诚挚致意，行文中就不再一一赘述了。

又，依据《我们深圳》丛书的要求，本书主要为普通读者撰写。书中的各种表述，专业论述上可能不那么严谨，也不追求学术上的严谨，因此难免有各种专业失当的地方。这也是要恳请业界的师友同仁们谅解的。

吴晞

2019年元月于深圳前海零丁洋畔

『犹有清歌，随风迢递，声在芰荷深处。』在算不上悠长的岁月里，**深图为深圳特区，为全国公共图书馆事业**，发挥了独特的、不可替代的**重要作用**。

一

# 前世今生

——公共图书馆、深圳图书馆和我

# 人间天堂图书馆

“我心里一直都在暗暗设想，天堂应该是图书馆的模样。”阿根廷国立图书馆前馆长、著名诗人博尔赫斯的这一名言为人们所熟知，因其形象生动，诗意盎然，故在世界范围广为传颂。图书馆也因此赢得了“天堂”的美誉。

那么，这人间天堂到底是何等模样，又是怎样建成的呢？

图书馆，尤其是公共图书馆，是近代西方社会的新事物，产生于19世纪中叶。在中国，新型图书馆出现于19世纪末和20世纪初，

深圳图书馆

笔者 1998 年来到深圳图书馆，2015 年退休，参与和见证了深圳图书馆的发展



即清末时期。

深圳图书馆，简称深图，创建于深圳特区成立之初的 1986 年，是深圳市的重要文化标志，读书人的“大书房”，全市的文献信息资源中心。

而我，1998 年起奉调担任深图馆长，直至 2012 年卸任。此前，我于 1982 年从北京大学图书馆学系毕业并留校，1995 年调入文化部图书馆司，那时深图对我来说还是个遥远而陌生的地方。

曼彻斯特公共图书馆

这世上之所以有了公共图书馆和深圳图书馆，我又与之产生了深切的关系，这一切都缘起于一个半世纪之前，远在不列颠岛的一个名为曼彻斯特的城市。

19世纪中期，英国有一位名叫爱德华·爱德华兹（Edward Edwards，1812—1886）的图书馆员。他出身贫苦，自学读书成才，做过大英博物馆和图书馆的编目员。就是这样一位普通的图书馆员，却以毕生之力，做了两件前无古人的大事情：一是促成英国下议院于1850年通过了一个法案，授权地方议会为免费图书馆征税，这就是人们常说的世界第一部公共图书馆法；二是依照这部法律于1852年创建了曼彻斯特公共图书馆，人称世界上首座现代意义上的公共图书馆，爱德华兹成为曼彻斯特公共图书馆的首任馆长。

1850年的《公共图书馆法案》不过是英国议会通过的诸多法案之一，曼彻斯特公共图书馆的创建当时也不是轰动一时的事件，除了大文豪狄更斯参加了曼彻斯特公共图书馆开幕式还做了演讲，并没有多少引人注目的地方。但是《公共图书馆法案》的出台和曼彻斯特公共图书馆的建立，却是公共图书馆诞生的标志，也是西方现代图书馆的历史起点。从此以后，世界上出现了以立法支持为基础、以公共资金为支持、对市民完全免费开放的公共图书馆，图书馆的基本理论支撑也从古代社会的“保存人类文化遗产”，上升为“保障公民无障碍阅读自由和平等获取信息的权利”。这些认识现在仍是公共图书馆的核心理念。因此，爱德华兹是现代公共图书馆的理论奠基人和先行者，被称为“公共图书馆之父”，曼彻斯特公共图书馆创立的1852年被认作是“公共图书馆元年”。

从19世纪后期开始，公共图书馆的发展重心转移到了美国。这在很大程度上得益于美国“钢铁大王”安德鲁·卡内基（Andrew Carnegie，1835—1919）的贡献。卡内基自幼贫寒，得益于在免费的公共图书馆读书，才有了日后的事业发达，因此对公共图书馆有深厚的感情。后来他将自己巨额财富的90%用于慈善公益事业，其中相当一部分捐赠给了图书馆。在1876—1923年间，卡内基捐赠了5,600多万美元的巨款，在世界各地修建了2,500多所图书馆，其中大部分是美国的公共图书馆。如此天文数字般的巨额捐款和相应的立法措施，使美国的图书馆逐渐形成规模，文献量迅速增长，读者服务规模急剧扩大。由此，图书馆在美国等西方国家成为蓬勃发展的事业。

事业的飞速发展迫切呼唤与之相适应的新理论和新学科。现代图书馆学的创始人是美国学者麦维尔·杜威（Melvil Dewey，1851—1931）。1873年，杜威创建了《杜威十进分类法》（DDC），奠定了他的现代图书馆学创始人地位。而后，杜威发起成立了世界上第一个图书馆专业协会“美国图书馆协会”（ALA），创建了世界上第一个正规的图书馆学教育机构“哥伦比亚大学图书馆管理学院”，创办了世界上第一份图书馆学专业刊物《美国图书馆杂志》，并出任过哥伦比亚大学图书馆馆长、纽约州立公共图书馆馆长等重要职务，因此杜威享有“现代图书馆事业之父”的美誉。杜威之后，以美国为主的西方国家涌现出一大批图书馆学家，形成了诸多的学派，改变了以往的图书馆内部类似师傅带徒弟的知识传授方式，使图书馆学由“技能”成为一门“学问”。

理念支撑、事业发展、学科形成，三者共同构成了基本的构件，图书馆尤其是公共图书馆这个“天堂”，就是在此基础上建造起来的。

# 西学东渐

西学，亦称西潮、西风。西学东渐是近代中国特有的重要历史现象和发展潮流。

现代图书馆也不例外。在19世纪末和20世纪初，也就是我们所说的清朝末年，新型的西方式现代图书馆开始传入中国。

自1840年鸦片战争后，西方各种舶来的“西洋景”陆续传入中国。但是在其后近半个世纪的时间里，这种传入是被动的和极其缓慢的。中国的上层统治者和士大夫阶层仍然背负着几千年的巨大惰性，生活在传统的精神世界里，对来自西方的新事物采取蔑视、排斥的态度，大凡遇有新事物，皆以“盖我中华古已有之”来自欺和抵制。

19世纪90年代是一个重要的转折点。这一时期西方列强对中国的侵略和扩张进入了一个新的阶段，中华民族面临着前所未有的“千年变局”。1895年中日甲午战争的失败，使中国的民众，尤其是沉酣于几千年旧传统之中的士大夫们悚然惊醒，有识之士把目光投向了西方，开始有意识地走上了学习西学、变法图强的道路。兴建新型图书馆的思想舆论即在这时开始形成，形成了一股强大的思潮，由此奠定了兴办图书馆的社会基础。

在晚清大力倡导兴办新型图书馆的有识之士群体中，梁启超是最为杰出的代表。梁启超作为我国近现代著名的思想界先驱和维新派主将而闻名于世，但人们可能尚不熟知的是，他还是中国现代图书馆事业的主要倡导者、推行者和奠基人。在19世纪90年代，新式图书馆观念传入、形成和推广的过程中，梁启超以他渊博的学识、敏锐的眼光、过人的才华、生花的妙笔，成为当时影响最大、鼓吹最力、思想最深刻、成就最卓著的图书馆理论家和活动家。他多年为兴建西方式的新型图书馆奔走呼号，撰写了大量推动舆论的雄文，还亲自参与了强学会书藏、京师大学堂藏书楼等早期图书馆的创建，晚年还曾担任京师图书馆馆长、中华图书协会首届董事长（董事部部长）。可以毫不夸张地说，梁启超是中国现代图书馆这座“天堂”最初、最得力、最卓著的设计师、工程师、顶梁柱。

中国新型图书馆的实体主要兴建于“清末新政”时期，亦即1900年“庚子之变”之后至1911年辛亥革命这一历史阶段。过去人们对于“清末新政”的评价偏于负面，将其说成是清政府苟延残喘、欺骗人民的伎俩。其实并不尽然，新政中亦不乏合乎历史潮流、经得起历史检验的措施和成果，兴建新型图书馆就是其中之一。就是在这一时期，各地在推行新政的过程中，陆续兴建了一大批公费官办的省一级地方图书馆，使图书馆由“民办”转为“官制”，奠定了新型图书馆事业的基础。这些图书馆大多经受了百年风雨而留存下来，至今仍然是国家图书馆事业的骨干中枢。1909年，京师图书馆（后来的北京图书馆、国家图书馆）正式建立，标志着创建中国现代图书馆这一历史使命基本完成。这些新型图书馆的问世，为衰朽的清王朝涂抹了最后几点亮色。

# 舶来品

在此需要澄清的是，虽然中国古代社会中有着异彩纷呈的藏书楼阁和兴旺发达的文献收藏事业，但是中国的图书馆是西方思想文化传入的产物，亦即“西风东渐”的结果，不是“中华古已有之”的。没有哪一座古代藏书楼演变成了现代新型图书馆，也没有哪座现代图书馆是以古代藏书楼为母体继承发展而成的。中国的图书馆从产生之日起，走的便是一条全新的道路，是在新的起点上从头开始的。

这里无须作专业化的论证，只举一个例子来说明。“图书馆”这个词借用的是日文“図書館”，是梁启超最先使用的，并很快得到官方和士大夫阶层的认可，形成了社会共识。可以想见，历代藏书机构或是藏书楼的名号，从汉代的天禄阁到清代的四库七阁，以及林林总总的私家藏书楼，在传统中文词汇中有那么多风雅典丽、文化内涵丰富的表述，但先驱们却偏偏选用了这个外来的新词语。可见在梁启超和当时“睁眼看世界”的士大夫们心目中，图书馆就是个外来的新事物，是不折不扣的“舶来品”。

至于公共图书馆，在古老的中国更是个前所未有的新事物。公共图书馆本质上是近现代文明的产物，是近现代社会才出现的民

公共图书馆读者



主、民权、平等、公正等观念的象征，也是公民社会的标志。公共图书馆的问世，实际上是社会发展到一定阶段才会有的现象，是社会民主、公民权利和社会平等现代人文意识成熟的结果。公共图书馆的使命，就是从制度上保障民众尤其是底层群体平等获取知识和信息的权利。这种社会条件在西方到了19世纪中叶才日臻成熟，而在中国要到19世纪末20世纪初方见端倪。由此可见，公共图书馆是时代的产物，是在历史大潮中应运而生的。

而中国公共图书馆的发展还与一位传奇的美国女图书馆员韦棣

华紧密相关。韦棣华本名玛丽·伊丽莎白·伍德（Mary Elizabeth Wood，1861-1931），她的职业是纽约州一个小城镇的公共图书馆馆员。1900年，年青的韦棣华到中国探望做传教士的弟弟，此后留居武昌，在美国圣公会创办的武昌文华书院任英语教员。任教之余，韦棣华尝试在文华书院创办阅览室和藏书室，并不断扩大规模。1910年，经过艰苦努力，韦棣华自行筹款创建了一座新的图书馆，取名“文华公书林”。在韦棣华的倡导下，文华公书林不仅成为大学的图书馆，还对武汉三镇的各界民众开放，成为我国最早按美国图书馆模式建成的一所开放式的图书馆，也是我国第一座真正意义上的现代公共图书馆。文华公书林的创建和开放，在我国公共图书馆发展历史上具有里程碑意义。韦棣华这位为中国公共图书馆事业无私奉献一生的美国女图书馆员，被曾任民国大总统的黎元洪誉为“中国现代图书馆运动的皇后”。

# 最好的时代，最坏的时代

公共图书馆这一新生事物在中国出现，给中国传统社会，尤其是沿袭千年的藏书制度，带来了一系列的冲击和变化：

—— 古代藏书机制逐步衰落，新型文献机构日渐兴起；

—— 社会文献从私有化和只为少数人所利用，转变为公共化、社会化、公益化，形成了面向社会的文献信息体系；

—— 新型图书馆取代旧式藏书机构，成为社会文献收藏的主流；

—— 古代藏书思想成为历史，近代图书馆学产生。

这一历史性嬗变持续了一个多世纪。

时至1986年，深圳图书馆正式建立。是时也，公共图书馆已经问世一个半世纪，中国的公共图书馆也沐浴了近百年的风雨，深图不过是个新兴者、后起之秀，论资历只是个小字辈，但却大步跨入后来者居上的发展道路。深图成立之时，也与当年曼彻斯特公共图书馆相类似，并没有多少引人关注之处。然而，自此以后，特区出了个图书馆，中国有了个引领潮流的标志性公共图书馆。“犹有清歌，随风迢递，声在芰荷深处。”在算不上悠长的岁月里，深图为深圳特区，为全国公共图书馆事业，发挥了独特的、不可替代的重要作用。

市民在自助图书馆借书

本书作者在参加图书馆工作会议

电子书目查询

“这是一个最好的时代，这是一个最坏的时代。”这是英国大文豪狄更斯在其名著《双城记》中的开篇之语，形象地反映出作者当时所处的英国维多利亚时期的时代特征。在深图创建的20世纪80年代后期和其后的90年代，中国公共图书馆的状况亦如狄更斯所描述，进入了一个最好的时代，也处于一个最坏的时代。

说是最好的时代，是因为中国的公共图书馆事业在20世纪90年代进入了一个空前的蓬勃发展时期。各省市，尤其是沿海经济发达地区，公共图书馆如雨后春笋般兴建起来，馆舍设备改善，藏书数量增多，读者规模扩大，都是前所未有的。深图就是这一时期的典型代表。作为深圳特区早期“八大文化设施”之一，深图自问世时起，就以典雅的馆舍、先进的设施和现代化的风貌，成为深圳特区的骄傲和全国标志性的公共图书馆。

说是最坏的时代，是因为这一时期的中国公共图书馆正处于一个发展的瓶颈和拐点。主要表现为人文精神缺失，办馆理念滞后，罔顾公共图书馆的基本原则和使命，“有偿服务”和“区别服务”成为普遍现象，“经营创收”是广为奉行的办馆方针。同时技术与观念滞后，与世界先进图书馆严重脱节，难以实现自动化、数字化图书馆的转型。这些横亘在发展的道路上的障碍就像是拦路之虎，使中国公共图书馆举步维艰，方向迷失，屡走弯路，备感困惑。深图也未能幸免，这些问题都不同程度地在深图及深圳市各图书馆存在。至2006年之后方理性复归。

就在这个最好的时代和最坏的时代，我奉调来到深图。

甫到特区，我本充满自信，或者说是自负。毕竟我出身名校科班，是著名大学的研究馆员（正高职），又有最高文化管理机关的工作经历。然而事实并非如此，所面临的困难，所遇到的挑战，远超我原来的料想。我和深图团队乃至全国志同道合的同仁们一道，深深地卷入了全国公共图书馆改革的大潮。

欣慰的是，在这历史的拐点上，深图高举公共图书馆的大旗，拨乱反正，明辨是非，勇立潮头，在历史的大潮中扬帆前进，没有偏离航向，没有辜负历史重托。我个人也藉此学习理论，积极探索，不时摇旗呐喊、推波助澜，也不时跻身阵前、甘当马前卒。回想起来，尽管不如意处多多，但还是向深圳人民和全国同仁交上了一份大体令人满意的答卷。

概括起来，我们主要做了以下几件具有开创意义的事情。

首先，我们首次提出了图书馆人文精神这个带有根本性原则的办馆方针，在全国率先打出“开放、平等、免费”的旗号，废除了所有的收费服务制度和歧视普通读者的做法，努力办成“真正的公共图书馆”。这在当时是具有拨乱反正作用的。

面对世界图书馆的发展潮流，我们确立了技术立馆的方针。相继研制开发了“图书馆自动化集成系统（ILAS）”系列产品，率先使用了“无线射频识别（RFID）”技术，创建“文献智能管理系统”，牵头建立全国图书馆联合编目体系，倡导数字文献建设和数字阅读。与此同时，带动全国图书馆共同步入自动化、数字化的新时代。

在确立人文精神、掌握先进技术的基础上，我们成功研制了“城市街区24小时自助图书馆”。这一重大的技术创新和服务成果，

参加读书活动的孩子



为全市读者使用图书馆带来了全新的变革和极大的便利，在全国图书馆界掀起了兴办自助图书馆、开展自助服务的热潮，也引起国外同行的关注和仿效。

2006年，深图新馆建成开放，成为当时全国馆舍设备条件最好的公共图书馆。我们充分利用这一条件和时机，全力打造市民阅读的大书房、继续教育学习的大学校，以及从事文化活动的城市“第三空间”。与此同时，收藏特色资源，传承特区文化，成为全市的文献信息资源中心。

为普及全民阅读，便利市民使用图书馆，我们在有关领导部门指导和各区图书馆的支持配合下，全力创建基层图书馆，使深圳成为一座“图书馆之城”。同时大力推进读书活动，打造“阅读之城”。

在以下各章里，我会进一步剖析深图的前世今生，解读相关的公共图书馆理念，介绍我们的一些探索。

中国是世界上文献保存数量最多、**内容最为丰富连贯的文献大国**，藏书楼则是这些文献的载体，是华夏文化的骄子，**也是中华文明赖以存在和流传的基本因素**。

二

# 源　远　流　长

——中国古代的文献收藏

# 博大精深

图书馆的核心资源是文献，其传统社会价值之一就是保存文化遗产，建立文献资源保障体系。文献就是文明的载体，也永远是图书馆工作的重中之重，古今概莫能外。若想了解今天的图书馆，知晓深图，要从文献和文献收藏开始。

中国是文明古国，也是文献大国。我们的祖先留下的博大精深、丰富多彩的文化遗产，大多是通过各种文献流传至今的。

早在中华文明初始之时就出现了文献。甚至在文字产生之前，就有了《河图》《洛书》《连山》《归藏》这样以图画符号为主的占卜之书。前人曾这样归纳先秦的文献：书于竹帛，镂于金石，琢于盘盂，传遗后世子孙者知之。（《墨子·卷八》）此外还应再加上“刻于甲骨”。这样我们就知道了在纸张和印刷术出现之前，我国早期文献的六种形态：陶文、甲骨文、金文、玉石刻辞、简策、帛书，其中最为多见的是简策和帛书。这是中华文明独到的文献载体，而西方古代文献的三种主要形态是泥版文书（clay tablet）、纸莎草（papyrus）和羊皮纸（parchment）。

有了文献，就有了相应文献收藏制度。根据文献记载和考古发现，商周时期就已经有了“史官”制度，专门从事典籍的编撰、管

简牍

古代文字：金文，此处为毛公鼎鼎腹文字

石鼓文拓片

甲骨文（牛骨）



理与保存。这些史官乃是要职，史官所掌握的典籍也是国家的重器。史载，夏朝将要灭亡之时，太史令终古携带典籍“出奔如商”；殷商将要灭亡之时，内史向挚也带着典籍“出亡之周”（《吕氏春秋·先识览》），可见文献在当时的重要地位。

关于古代文献的重要性还有一个著名的故事。秦汉之际，刘邦军队率先攻入咸阳，将领们都去争抢金银财帛，唯独萧何抢先把秦王朝的律令图书收藏起来。日后证实了萧何的远见卓识，“汉王所以具知天下隘塞、户口多少、强弱之处、民所疾苦者，以（萧）何具得秦图书也。”（《史记·萧相国世家》）

从两汉开始，古代的藏书制度就开始成熟，形成了官府藏书、私家藏书和书院藏书三大类型。

官府藏书是最早形成的藏书制度。西周之前基本上是“学在官府”的局面，亦称“学术官守”，反映在文献上则是“官守其书”（章学诚《校雠通义·卷一》），文化、教育和典籍均为官府垄断，王朝史官制度即是其表现。从两汉直至明清，官府藏书兴盛繁荣，成为我国古代藏书的主流。史载，汉武帝时期“建藏书之策，置写书之官，下及诸子传说，皆充秘府”（《汉书·艺文志》），从此而形成了一整套藏书收集、整理、编撰、校勘、刻印的制度，历代王朝皆遵守为定制，一直沿袭了两千多年。

私家藏书起源于春秋战国时期。先师孔子以其毕生的教育活动，变“学术官守”为“学在民间”，打破了“官学合一”的局面。《庄子》载“惠施多方，其书五车”（《庄子·天下篇》），《墨子》称“今天下之士君子之书不可胜载”（《墨子·卷七》），都是当时私人藏书兴起的事例。隋唐之后，随着纸张和印刷术的发明和普及，私家收藏逐渐蔚为大观，出现了许多著名的藏书家和藏书楼。私家藏书保存了大量文籍，培养了社会读书之风，促进了民间学术发展，其历史功绩不可埋没。

书院是中国特有的教育组织，兼有教育、研究、讲学和出版多种功能。藏书是书院的重要物质保障。书院源起于唐代，宋代以后

尤其发达，明清两朝的书院都超过了千所。书院藏书除购买添置外，还有朝廷赏赐和官员捐献，另外还印制许多本院学者的著述和讲义，别具特色。书院藏书可在院内师生中公开借阅，发挥了很大的教育功能。晚清时许多书院改为学堂，其藏书也成为学校图书馆。



除了官府藏书、私家藏书和书院藏书这三大类型外，中国古代还有寺院藏书。佛教有寺庙的佛藏，道教有宫观的道藏，后来还有了基督教和伊斯兰教的堂院藏书。这些藏书比较另类，管理上较为封闭，难以与其他藏书融合，就不赘述了。

中国古代藏书上下数千年，涌现出大量的著名藏书楼和卓越藏书家。中国到底有多少藏书楼和藏书家？据任继愈主编的《中国藏

雕版印刷

书楼》一书记载，载入该书的藏书楼就达1,000多家，重点介绍的有400多家；载入的藏书家达2,000多人，重点介绍的有800多人。另据《中国图书馆史·古代藏书卷》，从古代至19世纪末，具有代表性的藏书家共有80人，并列有名录。这些藏书楼和藏书家是中华文明的守护者、传承人，也是民族文化的保存与传播的有功之臣。

祇樹給孤獨園

長老須菩提

凡欲讀經先念淨口業真言一遍

脩唎　脩唎　摩訶脩唎　脩脩唎　娑婆訶

奉請除災金剛　奉請辟毒金剛　奉請黃隨求金剛

奉請白淨水金剛　奉請赤聲金剛　奉請定除災金剛

奉請紫賢金剛　奉請大神金剛

金剛般若波羅蜜經

如是我聞一時佛在舍衛國祇樹給孤獨園與大

金刚经，世界最早的印刷品

# 藏书、藏书楼和图书馆

我国古代藏书的场所称藏书楼，近代以来新型的文献机构称图书馆，这一历史变化的过程被称为从藏书楼到图书馆的转变。

但是细究起来，将我国古代的文献收藏称为“藏书”更为恰当。藏书是个由来已久的古老的文化现象。《史记·老子韩非列传》称：“（老子）周守藏室之史也。”司马贞《史记索引》注：“藏室史，周藏书室之史也。”这就是藏书一词的最早出处。老子所职掌的周王室藏书室，也是文献记载中最古老的正式的藏书机构，老子就相当于周王朝国家图书馆的馆长。



“藏书”一词，实际上是我国古代文献收藏的总称，也是前人的一贯说法。例如“建藏书之策，置写书之官”（《汉书·艺文志》），“藏书之盛，莫盛于开元”（《新唐书·艺文志》）等诸多记载，便是例证。

至于“藏书楼”一词，则是一种较为晚出的说法。藏书楼之称究竟出现于何时，目前似乎还很难确切考定，但不会早于唐宋之际，并且发源于私家藏书。据《新唐书·李鄘传》记载：“磎好学，家有书至万卷，世号李书楼。”又据《郡斋读书志》载：“（孙长孺）喜藏书，贮以楼，蜀人号书楼孙家。”这两处唐代的私人藏书，

藏书阁

线装书

老子，周王室图书馆馆长

大概就是最早被称作藏书楼的文献收藏了。

明清之际，私人藏书进入了鼎盛时代，藏书楼之称便开始风行一时。私人藏书家们往往要将自己的藏书之所标之以“××楼”“××阁”的雅称，就是一些没有多少文献收藏的士大夫们，也常常为其书斋取个藏书楼的名号以附庸风雅。这种风气甚至也影响到了官方的藏书，许多皇家和官府的藏书机构也开始仿效民间的藏书楼，冠之以各式藏书楼的名号。这样一来，“藏书楼”就成了古代各类文献收藏场所的统称。就是近代问世的一些早期新型图书馆，往往也标之以藏书楼之名，如京师大学堂藏书楼、古越藏书楼、皖省藏书楼等，实际上是借用这一既有的名称来翻译外来的词汇。

与藏书、藏书楼源远流长的历史相反，“图书馆”在中国是个完完全全的外来名词和近代文化现象。图书馆一词，在西方语言中基本上有两种说法，一个是library，另一个是bibliotheca。library源自拉丁语的liber，意为树皮。因为树皮曾用作书写的材料，所以在意大利语中把书店叫libraria，而法语中则把书店称作libraries。这个词后来由法语进入英语，就成了library。而bibliotheca一词，源自希腊语biblios，即书籍，由书写材料“纸莎草”（papyrus）的希腊语读音而来。后来对于存书的场所，希腊语叫bibliothek，拉丁语则称bibliotheca，在德语、法语、意大利语、西班牙语中均用这一词称图书馆，只是在拼法上有些小差别。对于library或bibliotheca，中国人最初译为“藏书楼”或“公共藏书楼”。

中文“图书馆”一词的直接来源出自日文“図書館（ライブラソー）”，最初是由梁启超引进到中国来的。1896年9月在梁启超主

天一阁

编的《时务报》上，首次出现了“图书馆”一词。但是这一新的提法似乎并没有马上为国人所接受，一些早期的近代图书馆仍以“藏书楼”称呼者居多，也有的称“书藏”“书籍馆”“图书院”“藏书院”等。从20世纪初年起，使用图书馆一词的文献和机构才开始多

了起来。

1903年，清政府颁发了管学大臣张百熙主持制定的高等教育纲领《奏定大学堂章程》，其中提到：“大学堂当附属图书馆一所，广罗中外古今图书，以资考证”，并规定其主管人为“图书馆经理官”。这是图书馆一词第一次被官方文件所正式采用。《奏定大学堂章程》颁布后，原京师大学堂藏书楼便改名为京师大学堂图书馆，藏书楼的主管人也由“提调”改称“图书馆经理官”。这是我国第一个采用图书馆名称的正式官方藏书机构。直到1904年，湖南图书馆、湖北图书馆和福建图书馆相继成立，图书馆的名称才开始在社会上通行，其后各地出现的各种新型藏书处所多数都标以图书馆之名。1909年，京师图书馆（今国家图书馆）奉旨筹建，清政府又随之颁发了《京师图书馆及各省图书馆通行章程》，这样才使得图书馆的名称在我国最终确立下来。

古代藏书楼

需要特别指出的是，韦棣华女士于1910年在武昌文华大学创办Boone Library时译为“文华公书林”，可惜这一准确、精彩的译名后来没有得到广泛应用。

厘清藏书、藏书楼和图书馆的含义及其关联与区别，是为了澄清这样一个史实：中国古代的藏书、藏书楼与近现代图书馆是两种不同属性的事物；中国的图书馆是西方思想文化传入的产物，亦即“西风东渐”的结果，不是“中华古已有之”的。

# 历史的局限

中国是世界上文献保存数量最多、内容最为丰富连贯的文献大国，藏书楼则是这些文献的载体，是华夏文化的骄子，也是中华文明赖以存在和流传的基本因素。与世界上任何一种古代和中世纪文明中的文献收藏相比，我国古代的藏书均毫不逊色，并独具异彩。但这些因素并不能催生出新型的近现代图书馆。古代的藏书楼至多可以看作是中国图书馆的历史渊源，但不是它的母体和前身。

新型图书馆的本质特征是公益性、公共性，其表现就是面向社会普遍开放；而旧式藏书楼属于私人所有，或由皇家、官府等少数人占有，不是“公器”，与社会民众无关，其主要特点必然是封闭或是限制开放、有条件开放。



从历史发展看，在古代藏书初兴的殷周二朝，是“学在官府”或“学术官守”的文化垄断，反映在藏书方面，则是“官守其书”的局面，贵族统治者之外的广大民众是与文化、图书无缘的。春秋末年，孔子通过毕生的文化教育活动，实现了从“学在官府”向“学到民间”的转变，使得众多的平民有了拥有、阅读图书的可能，这是我国文献收藏史上的第一次大变革。东汉以来，纸张发明并逐渐成为图书文献的主要载体，使图书的传抄和普及变得更为容易和廉价，于是社会上官府藏书之外的各种文献收藏开始多了起来，这是我国文献收藏史上的第二次大变革。唐宋之际，雕版印刷术发明并在全社会普及，促进了书籍的生产和流通，致使文献的收藏和利用水平又大大提高了一步，各种类型的藏书楼骤然增多，这是我国文献收藏史上的第三次大变革。但是，这三次变革，只是增加了社会上图书和图书收藏的数量，却基本上没有改变藏书楼“门虽设而常关”的封闭状态。

明代著名藏书家祁承㸁的澹生堂藏书楼便是一个典型的例子。祁承㸁对自己的子孙使用藏书楼的管理有着明确的规定：

子孙能读者，则以一人尽居之；不能读者，则以众人遵守之。入架者不复出，蠹啮者必速补。子孙取读者，就堂检阅，阅竟则入架，不得入私室。亲友借观者，有副本则以应，无副本则以辞，正本不得出密园外。……勿分析，勿复瓿，勿归商贾手。（祁承㸁《澹生堂藏书约》）

不难看出，祁氏对其藏书楼采取的是严格的封闭性管理措施，连子孙、亲友都要受到限制，外人自然就更无缘问津了。

而享誉明清两代的藏书楼范氏天一阁，其管理制度更为严厉苛刻：

司马（天一阁的创始人范钦）殁后，封闭甚严，继乃子孙各房相约为例，凡阁厨锁钥，分房掌之，禁以书下阁楼，非各房子孙齐至，不开锁。子孙无故开门入阁者，罚不与祭三次；私领亲友入阁及擅开厨者，罚不与祭一年；擅将书借出者，罚不祭三年；因而典鬻者，永摈逐不与祭。（《宁波范氏天一阁书目序》）

天一阁书印

藏书楼的图书竟然连子孙都不准入内阅读，已经和守财奴埋着金银饿肚皮无异，与文献收藏的本来意义相去何止十万八千里。

澹生堂和天一阁只不过是两个典型的例子，类似的严格限制措施在古代为数众多的藏书楼中属于常态，是极为普遍的现象。当然，这种现象的出现和蔓延并不都是藏书家自身的过失，藏书家们集聚、保存图书典籍的苦心孤诣和历史功绩也不可一笔抹煞。归根结底，藏书楼是小生产文化方式的产物，是藏书家的私有财产，不属“公器”范畴，不可能形成面向整个社会的文献信息体制，也不可能承担起服务公众的社会化任务。这是我们不能苛求于前人的。

古代的藏书家并非全都是守财奴式的角色，也有卓尔不群者。例如明末清初的藏书家曹溶，就曾尖锐批评藏书家“以独得为可矜，以公诸世为失策”的褊狭传统，以致古书“十不存四五”。他写了一部《流通古书约》，倡议藏书家之间互通有无，使“古籍不亡”，以免因秘不示人遭湮灭。清代乾隆年间，还有一位学者兼藏书家周永年，大胆提出了“儒藏说”，提倡“天下万世共读之”；还建立了“藉书园”，专门为“穷乡僻壤，寒门窭士”等贫寒书生提供可读之书，“使学者于以习其业，传钞者于以流通其书，故以藉书名园”（周永年《儒藏说》），属难能可贵。

然而这样的藏书家在中国古代尚属凤毛麟角，其视野和影响均有限，无法得到广泛的社会认同，其举措也难以延续。他们只是旧事物的叛逆者，不能成为新事物的创建人。毕竟古代社会的藏书楼并非社会公有，皇家和官府藏书向读书人开放是官家的恩赐，私人藏书惠及乡里则是义举，不是其应有的社会职能和历史使命。据此不难得出结论，旧式藏书不具备转变为新型文献机构的基本机制，不可能成为近现代图书馆的母体，其自身无论怎样发达辉煌，也不会演变为后来的图书馆。

只有新型的近现代公共图书馆才能完成向全社会平等开放、提供文献信息服务的使命。这一新事物的出现及迅速普及，是中国文献收藏史上第四次、也是迄今为止最为重大的一次变革。变革的结果便是旧式藏书楼寿命的终结，新型图书馆历史的开端。

中国**新型图书馆的源头**在西方，但是创**建中国现代图书馆的主角是中国人**自己，是中国人民自身奋斗和中国社会发展的结果。

三

# 新　芽　萌　动

——西方现代图书馆的产生及传入中国

# 西来的蒿矢

时至19世纪末和20世纪初，即我国历史上的清朝末年，“天地和同，草木萌动”（《礼记·月令》），新型图书馆产生的历史条件已经成熟。这个历史条件，就是西方现代图书馆思想的传播。当今包括深图在内的所有中国图书馆，其发源都在这一时期。

西方图书馆的历史悠久，可以追溯到西方文明的早期。

早在公元前4000年左右，美索不达米亚平原就有了大量的文献收藏，当时的文献形态主要是楔形文字书写在泥版上，称“泥版文书”。亚述王国时期规模宏大的尼尼微图书馆已为考古发掘所证实。同样历史久远的还有古埃及的图书馆，其收藏主要是纸莎草、皮革

纸莎草画

古罗马塞尔苏斯图书馆

西方皇家图书馆



等载体的文献。及至古希腊和古罗马时期，图书馆已经普及，亚里士多德的学园图书馆名噪一时，著名的亚历山大图书馆兴盛了几百年之久，甚至在雅典、罗马等大城市中还出现了对部分市民实行某种程度开放的公共图书馆。

西方图书馆的历史虽然长久，但西方古代及中世纪的图书馆与我们今天意义上的近现代图书馆是有重大差异的，其中公共图书馆及其理念的出现是重大的分野和标志。

尽管“公共图书馆”这一名称在西方古代文明中早已出现，但

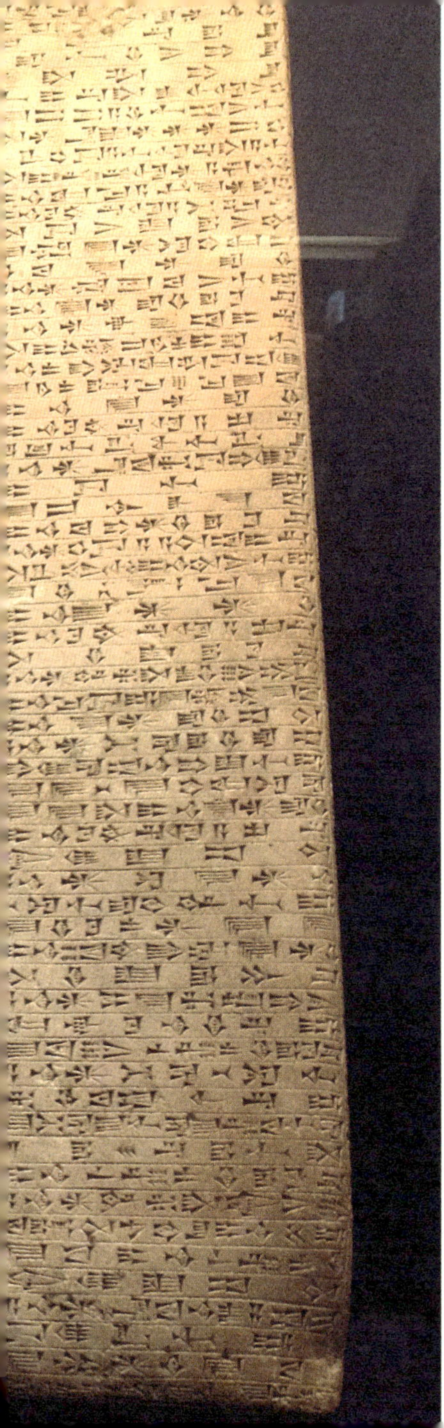

泥版文书

英国早期公共图书馆

真正意义上的公共图书馆只能出现于近现代社会，是社会发展到一定阶段的产物。此前，所有的图书馆，包括一些冠之以公共图书馆名义的图书馆，都有特定的服务对象，或是皇家成员、达官贵胄，或是神职人员、学院师生，或是有特定身份的市民，而非社会所有成员。新型公共图书馆的产生实际上是社会民主、公民权利、社会平等和信息公正等现代人文意识成熟的结果，也是历史发展到一定阶段才有的产物。



19世纪中期，英国首先具备了这样的社会条件。1852年，英国曼彻斯特公共图书馆成立。曼彻斯特公共图书馆是世界上首座现代意义上的公共图书馆，它的问世是公共图书馆诞生的标志，也是西方现代图书馆的历史起点。

如前文所述，当时英国有一位名叫爱德华兹的图书馆员，他被后

美国国会图书馆



世称为现代公共图书馆的理论奠基人和先行者。在他的努力下，英国下议院于1850年通过了一个法案，授权地方议会为免费图书馆征税。这就是人们常说的世界第一部公共图书馆法，它标志着公共图书馆制度的正式确立。曼彻斯特公共图书馆就是依照此法率先建立的，爱德华兹出任了首任馆长。因此，可以说公共图书馆是在近现代公民社会建立的过程中应运而生的。

爱德华兹和曼彻斯特公共图书馆为后世留下了有关公共图书馆的基本精神和制度，可以归纳为：依据政府立法建立，公费支持，免费服务，以及社会成员无区别服务。这些理念堪称经典，为其后各国公共图书馆的建立以及后来《公共图书馆宣言》的产生，奠定了基本的精神内核。

在曼彻斯特公共图书馆问世之后，亦即19世纪后期至20世纪初期，欧美各国公共图书馆迅速兴起，出现了一大批以立法支持为基础、以公共资金为支持、对市民完全免费开放的公共图书馆。从此，图书馆发展的理论支撑从古代和中世纪的“保存人类文化遗产”，上升为“保障公民的信息获取权利”。

自19世纪后半叶，现代图书馆发展的重心转移到了美国。美国图书馆事业的发达很大程度上得益于卡内基财团的资助。卡内基人称“钢铁大王”，他将自己巨额财富的90%用于慈善公益事业，其中相当一部分捐赠给了图书馆。在1876—1923年间，卡内基捐出5,600多万美元的巨款，在世界各地修建了2,500多所图书馆，其中大部分是美国的公共图书馆。美国的图书馆事业由此而形成规模，图书馆事业飞速发展，文献量迅速增长，读者服务规模急剧扩大，迫切呼唤与之相适应的新理论和新学科。

西方现代图书馆的高速发展催生了图书馆理论、图书馆观念和图书馆学的诞生。1887年，以美国哥伦比亚大学图书馆管理学校（School of Library Economy at Columbia University）的建立为标志，出现了正式的图书馆学教育制度。图书馆活动从一种社会“职业”

向一种科学“专业”过渡，或者说从“工作”变成了“学问”，这个专业或学问就是图书馆学。

现代图书馆学的创始人是杜威。1873年，杜威创建了《杜威十进分类法》（DDC），奠定了他的现代图书馆学创始人地位。DDC后来成了世界上最多图书馆使用的现代分类法。如前文所述，除了DDC，杜威还创造了图书馆学史上的多个第一。

在杜威之后，西方现代图书馆学不断发展进步，涌现出众多的学者和学派，不一而足。这里仅以美国芝加哥学派和印度阮冈纳赞为例。

美国国会图书馆内景

1928年，芝加哥大学成立了一所具有博士学位的图书馆学院（The Graduate Library School at the University of Chicago，简称GLS）。GLS的学风和理论追求影响了整整一代图书馆学家，被后人称为“芝加哥学派”。芝加哥学派是一个前后默契的学术集体，其影响力长达半个世纪，代表人物是巴特勒（P. Butler，1886—1953）和他的学生谢拉（J. H. Shera，1903—1982）。

杜威在哥伦比亚大学创办图书馆管理学院，改变了以往的图书馆内部类似师傅带徒弟的知识传授方式，这是图书馆学发展史上的重大进步。但受到当时各种条件的限制，以及杜威本人对实用知识的偏爱，早期的美国图书馆学教育更像职业培训，而不是科学知识

国际图书馆联合编目中心

的传授和科学研究规范的训练。GLS以及芝加哥学派改变了这一状况，他们致力于发展具有高度理性的图书馆学知识体系，从历史、文化和社会的角度思考图书馆生存的哲学问题，同时也以社会科学中的实证方法或思辨方法研究图书馆问题，并以此挑战经验图书馆学。这是20世纪图书馆学最为重要的变革，即理性主义的兴起。在20世纪60年代之前，芝加哥学派是美国乃至世界图书馆学最有影响的学术中心。



自杜威以来，现代图书馆学一直是美国学者的天下，只有印度的阮冈纳赞（S. R. Ranganathan，1892—1972）成为在世界图书馆界具有广泛影响的图书馆学家。阮冈纳赞生于印度马德拉斯，毕业于马德拉斯教会学校数学系，曾任数学系副教授。1924年，阮冈纳赞出任马德拉斯大学图书馆馆长，担任这一职务直至1944年，其间曾赴英国学习图书馆学，后来还担任过印度大学图书馆馆长、德里大学图书馆学教授、印度图书馆协会会长等职务。在50多年的图书馆学生涯中，阮冈纳赞撰述了丰富的图书馆学著作，其中《冒号分类法》《图书分类导论》《图书馆学五定律》等对图书馆学的发展产生了深远的影响。与芝加哥学派不同，阮冈纳赞具有数学学科背景以及印度民族特有的思维习惯，使图书馆学更加理性化，逻辑严密，并且可加以证明。譬如他关于"图书馆学五定律"的理论，就是从数学家的审美观出发，不满于经典图书馆学的经验描述，从而阐发出的新理论体系。

我们前面讲过，理念支撑、事业发展、学科形成，三者共同构成了基本的构件，图书馆尤其是公共图书馆这个"天堂"，就是在此基础上建造起来的。

西方图书馆的历史发展证实了这一点。美国图书馆协会发布了《图书馆员伦理条例》（1929年）和《图书馆权利宣言》（1939年），使得现代公共图书馆的理念日渐深入人心，逐渐成为世界各国人民所普遍接受的普世通则。1948年，联合国大会通过并颁布了著名的《世界人权宣言》，其中关于人人享有信息自由权利的主张，直接催生了《公共图书馆宣言》。

1949年，联合国教科文组织通过了《公共图书馆宣言》，正式表达了世界文化知识界和图书馆界对公共图书馆的基本立场。概括起来，《公共图书馆宣言》重点向世人阐明了三个观念：一、公共图书馆是现代民主政治的产物，也是民主制度的保障和民主信念的典范；二、要立法保障公共图书馆事业发展，完全或主要由公费支持；三、对社区所有成员实行平等的服务，全部免费开放。

《公共图书馆宣言》在1972年和1994年又做了两次修订，内容虽然有所补充订正，但其主要精神是一以贯之的。现在通行的为1994年版，其正式名称为《国际图联/联合国教科文组织：公共图书馆宣言（1994）》[IFLA / UNESCO：Public Library Manifesto（1994）]。

《公共图书馆宣言》的问世是世界图书馆发展史上的重大事件。它既是有关公共图书馆思想理论的集大成者，又是指导现代图书馆建设的利器，对世界各国公共图书馆的发展起到了重大的推动和指导作用。

图书馆藏书

## 先驱者

中国新型图书馆的源头在西方，但是创建中国现代图书馆的主角是中国人自己，是中国人民自身奋斗和中国社会发展的结果。

自1840年鸦片战争后，西学开始传入中国。但是在其后的半个世纪中，这种传入是极其缓慢的。就地域而言，主要局限在几个通商口岸。从致力于此的中国人来看，也只有少数从事“洋务”的官员。中国的上层统治者和士大夫阶层仍然背负着几千年的巨大惰性，生活在传统的精神世界里。即使是那些热衷于洋务的官员，也主要着眼于兵器制造、筑路开矿等具体技术知识，而绝少注意到西方政治、思想、文化方面的作用和影响。最能说明问题的例证是《书目答问》一书。这部流行一时的书目著作，出自以提倡新政著称的洋务派大员张之洞之手，刊行于国门开启后数十年的光绪二年(1876年)，但这部洋洋大观的书目却仍囿于传统的四部图籍，而绝少提到西学文献。这种大势，决定了中国早期具有新型图书馆性质的为数极少的藏书楼都出现在京城和通商口岸城市，而且大多是在西方人（主要是传教士）的直接或间接参与下建成的。至于明确、系统的图书馆思想，则迟迟未能在士大夫阶层中形成。

19世纪90年代是一个重要的转折点。这一时期西方列强对中国的侵略和扩张进入了一个新的阶段，中华民族面临着前所未有的被瓜分的危机。1895年中日甲午战争的失败，使中国的民众，尤其是沉酣于几千年旧传统的士大夫们，悚然惊醒。正如康有为所说："非经甲午之役，割台偿款，创巨痛深，未有肯幡然而改者。"梁启超也说："唤起支那四千年之大梦，实自甲午一役也。……支那则一经庚申圆明园之变，再经甲申马江之变，而十八行省之民，就不知痛痒，未曾稍改其顽固嚣张之习。直待台湾既割，二百兆之偿款既输，而鼾睡之声，乃渐惊起。"（梁启超《戊戌政变记》）。甲午的风云未散，法国即声称华南和西南为其"势力范围"，德国占了胶州湾，俄国占了旅顺口，英国则继续强行维护在长江流域的利益，西方诸列强还掀起了"争夺租借地"的狂潮。在这种亡国灭种的冲击和恐惧之下，中华民族的有识之士终于开始挣脱千年传统的束缚，把目光投向了西方，开始走上了学习西学、变法图强的道路。

由此，中国的士大夫们对西方的看法产生了根本性的变化，逐渐认识到西方列国不是什么"蛮夷之邦"，而是代表了一种强大的文明；所谓西学也不仅仅是"声光电化"等"奇技淫巧"，而是包括政治体制、价值观念和文化教育等诸多内容在内的完整体系。这种认识，逐渐从沿海到内地，从少数洋务官员到整个士大夫阶层及上层统治者，汇聚成一种强大的思想舆论，形成了中国近代史上西学传播的第一次高潮。

在这个高潮中出现了一批向西方寻求救国救民之道的有识之士。他们虽然分属于洋务派、维新派等不同阵营，政见也不尽一致，但在学习西方的过程中却产生了一种共识，即都把兴办教育、建立学堂、开发民智作为社会改良的首要内容，而兴办新式教育的主要内容之一又是建立西方式的图书馆。这种思想出现并在舆论中逐渐占据主导，是中国人在效法西方的过程中一个重大的转折和突破，新型图书馆的思想舆论即由此开始形成，奠定了中国兴办图书馆的思想基础，而后的中国图书馆基本上是按照此时形成的原则和思路发展的。

较早注意到西方式图书馆的是中国近代思想界的先驱林则徐、陈逢衡、姚莹、徐继畲等人，他们在19世纪40年代撰写的著作，如《四州志》《英吉利纪略》《康辅纪行》《瀛寰志略》等书中，都提到了英美等国的图书馆。19世纪后期的改良主义政论家王韬、学者马建忠则进一步提出了兴建新式图书馆的具体主张。第一位系统地提出新式图书馆思想的是近代改良主义先驱郑

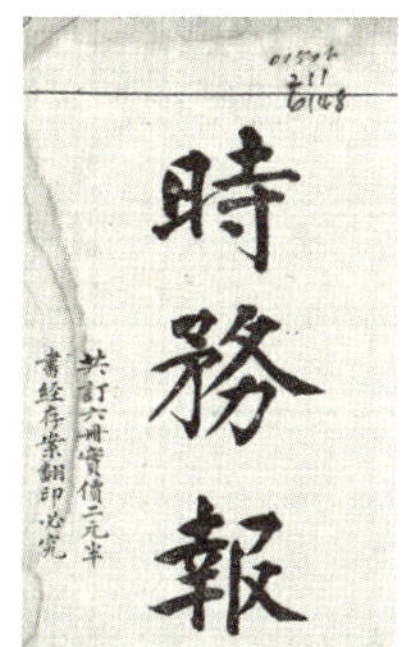
時務報

共訂六冊實價二元半

書經存案翻印必究

时务报

北堂（西什库教堂）

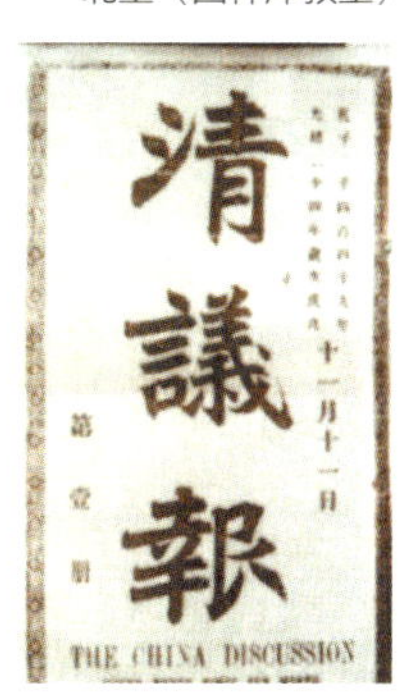
清議報

第壹冊

十一月十一日

THE CHINA DISCUSSION

清议报

观应，他刊行于光绪十八年（1892年）的著名著作《盛世危言》，其中第四卷《藏书》系统地论述了兴办图书馆思想，基本上包括了近代新型图书馆的主要精髓。

这些有关新式图书馆的思想问世后，在社会舆论界引起了强烈的反响，谈论介绍西方图书馆，倡议建立公共藏书楼，一时蔚成风气。当时舆论界的主要喉舌《时务报》《知新报》《国闻报》《湘学报》《万国公报》《清议报》等都连篇累牍地刊载有关新式图书馆的文章，就连西欧、日本等国图书馆的读者人数，美国图书馆教育的方式等具体的细节问题，都成为这些报刊所津津乐道的话题。这样就使得新式图书馆的观念日渐深入人心，占据了主导的地位，形成了一股强大的思潮。

与政治体制上的改良相比，兴办图书馆的主张比较容易为国人所接受，不仅提倡新学者乐于此道，固守旧学者也愿意拥护。在维新派看来，新式图书馆固然是开发民智、传播西学的工具，在传统士大夫们的眼中，藏书楼也是弘扬儒学、研读经史的地方，何况又有乾隆年间开放四库的“故事”可循。因此，尽管兴办新式图书馆的观念是维新人士提出的，但它迅速征服了中国抱有各种观念的士大夫们，成为社会发展的潮流。

这一思想潮流很快就影响到统治阶级的上层。1896年，吏部尚书兼官书局督办孙家鼐撰文引述了当时通行的观点，指出：“泰西教育人材之道，计有三事：曰学校，曰新闻馆，曰书籍馆”，还提出要在其主持的官书局中设立藏书院，允许“留心时事，讲求学问者入院借观，恢广学识”（孙家鼐《官书局开设缘由》）。同年，刑部左

京师同文馆

侍郎李端棻撰写了著名的《请推广学校折》，奏请建立学堂，提出了“与学校之益相须成者”有五条，其中第一条就是“设藏书楼”。李氏认为应仿效“泰西诸国”和“乾隆故事”，“自京师及十八行省会咸设大书楼”，而且要“妥定章程，许人入楼观书，由地方公择好学解事之人，经理其事。如此则向之无书可读者，得以自勉于学，无为弃才矣!”（李端棻《请推广学校折》）湖广总督张之洞在《上海强学会序》中提出了“拟宏区宇，广集图书”的主张。这篇序文虽由康有为代拟，但毕竟是经张之洞本人所认可的。就连光绪皇帝在1898年筹办京师大学堂时也发出过拨款“购图书”的上谕（《清朝续文献通考·卷一〇六》）。

这些上层统治者的言论和观念，表明了他们对兴办图书馆的认同，也是新型图书馆思想终于在中国形成并逐渐占据主流地位的一个重要标志。

在这场决定中国图书馆命运的思潮中，梁启超是最为杰出的一位代表。

梁启超

梁启超，字卓如，号任公，又号饮冰室主人，同治十二年（1873年）生于广东新会，是我国近代著名的思想界先驱和维新派主将，也是近代图书馆的主要倡导者和推行者。在19世纪90年代新式图书馆观念的形成过程中，梁启超以他渊博的学识、敏锐的眼光、过人的才华、生花的妙笔，成为当时影响最大、鼓吹力最强、思想最深刻、成就最卓著的图书馆理论家和活动家，做出了远远超出他人的重要贡献。

梁启超出身于一个半耕半读的知识分子家庭，自幼酷爱读书，十一岁中秀才，十六岁中举人，虽有"神童"之称，但也饱尝了无力购书的苦楚。童年读书的艰辛播下了梁启超从事公共藏书事业的种子。

1898年，梁启超与康有为一起来到北京，走上了变法维新的政治舞台。面对令人眼花缭乱的西学知识和内外交困的政治局势，年轻好学的梁启超认识到："今时局变异，外侮交迫，非读万国之书，则不能通一国之书。"（梁启超《湖南时务学堂学约》）然而在当时的中国，要想"读万国之书"又谈何容易，"欲以一人之力，以天下之书，虽陈、晁、毛、范，固所不能，况乃岩穴蓬壁好学之士，都养以从师、凭庑以自结者，其孰从而窥

北京广化寺，京师图书馆最初的馆址

之”。（梁启超《万木草堂书藏征捐图书启》，下同）在这种形势下，已经系统研读西学的梁启超把目光从个人集书转向了西方式的图书馆：“彼西学之为学也，自男女及岁，即入学校，其教科必读之书，校中因已咸备矣，其淹雅繁博孤本重值之书，学人不能家庋一编者，则为藏书楼以藏之，而恣国之人借览焉。”

从西方图书馆之中，梁启超看到了他多年梦寐以求的理想目标，也找到了为学、为政的新道路。自此，在中国建立西方式的新型图书馆，就成为梁启超变法维新活动的重要组成部分，也成为他毕生为之奋斗不息的事业。

梁启超倡办新型图书馆的第一步，是与康有为等维新派人士共同创立强学会书藏。然而梁启超等人的理想很快就破灭了，强学会存在了仅四个月即被清廷查封。强学会及其书藏被查封后，梁启超兴办图书馆的热情转入到了研究、鼓吹、倡导西方式的图书馆上，成为中国新型图书馆思想的杰出代表和集大成者。19世纪90年代兴建图书馆思潮的形成和20世纪初年各地图书馆的普遍兴起，梁启超有着不可磨灭的功绩。

梁启超是一位才华横溢的学者，其文笔享有盛名，在思想舆论界有极大的号召力。梁启超也同样用他那支生动鲜明、气魄宏大的笔来宣扬、鼓吹图书馆。例如，在描述英国等西方国家的图书馆时，他写道："举国书楼以千百计，凡有井水处，靡不有学人，有学人处，靡不有藏书，此所以举国皆学，而富甲天下也。"这种文采飞扬的"梁启超风格"使他的文章备受读者喜爱，也使他所宣扬的图书馆思想很快为社会所接受。在中国图书馆史上，梁启超是一位卓越的宣传家。梁启超宣传研究新图书馆的一系列活动，对中国图书馆思想的形成产生了重要的影响。例如，"图书馆"一词就首次出现在他主持的《时务报》上（1896年9月第6册）。

梁启超是新式图书馆思想的主要旗手和奠基人。他的思想、言论和行动，对中国图书馆思想的形成并为社会所普遍接受，起到了至关重要的作用。虽然梁启超兴办图书馆的实绩并不多，但他的主张却能深入人心，有着潜移默化的影响。20世纪初年，我国所兴起的创办图书馆的高潮，基本上是按照梁启超等人的思想和主张行事的。

在新型图书馆形成并普及之后，梁启超对图书馆的兴趣依然不衰，毕生都在为中国的图书馆奔波操劳。1916年，为纪念蔡锷将军，梁启超发起创办"松坡图书馆"，并被推为馆长。1925年4月，中华图书馆学会成立，梁启超出任董事长（董事部部长）兼分类委员会主席，参与了中国图书馆界的许多重大活动。1925年10月，梁启超被任命为京师图书馆馆长。

1929 年梁启超逝世后，家人遵其遗愿，将其全部藏书捐送当时的国立北平图书馆，包括“饮冰室藏书”二千八百多种、四万多册，新书一百多种、一百四十多册，还有许多墨迹、未刊稿本、私人信札等，均为宝贵文献。

# 滥觞

新型文献机构的滥觞出现于19世纪下半叶，中国近现代图书馆历史的序幕由此而拉开。

所谓近现代新型图书馆，其主体主要有两种类型：大学图书馆和公共图书馆，至今如此，中外皆然。在中国，最早和最具代表性的大学图书馆和公共图书馆的雏形，分别是同文馆书阁和强学会书藏。

## ■ 同文馆书阁

同文馆也称京师同文馆，首建于同治元年（1862年）。它是清末培养涉外翻译人员的学校，隶属于“总理各国事务衙门”，是中国官方自行创办的第一个新式教育机构。

同文馆在建立之初就伴随着图书的建设。当时的总理大臣、洋务派首领恭亲王奕䜣在1860年的《奏请创设京师同文馆疏》中，就有“饬广东、上海各督抚等，分派通解外国语言文字之人，携带各国书籍来京”之语。这些由各地教师所带来的“各国书籍”就是同文馆最初的藏书。

在其后的几十年中，史料中不断有关于同文馆藏书，尤其是外文藏书建设的记录。如，同治七年（1868年）美国大使劳文罗曾送来书籍若干，同文馆也购书回赠；同治十一年（1872年）法国大使热福里代表法国文学苑赠送同文馆图书十一箱，共计一百八十八册，“以备同文馆肄业泰西文字之用”，同文馆也回赠了《康熙字典》《昭明文选》等中国书籍一百一十部，以“彼此互读，亦彼此相认”（《总理各国事务衙门奕䜣等片》）。经过多年的积累，同文馆的藏书日渐丰富起来。

至迟在光绪十三年（1887年），同文馆就已有了专用的藏书机构——“书阁”。在该年刊印的《同文馆题名录》中，对书阁有过具体生动的记载：

同文馆书阁存储洋汉书籍，用资查考。并有学生应用各种功课之书，以备分给各馆用资查考之用。汉文经籍等书三百本，洋文一千七百本，各种功课之书、汉文算学等书一千本。除课读之书随时分给各馆外，其余任听教习、学生等借阅，注册存记，以免遗失。［《同文馆题名录》（第四次），清光绪十二年（1886年）刊本］

由是不难看出：同文馆书阁的藏书数量虽不算多，但绝大多数是洋文书和“功课”“算学”等新书，已摆脱了旧式“官学藏书”以儒家经典、正史为主的窠臼；采取了西方式图书馆的某些管理方式，如借阅、注册、存记等；藏书也不再以收藏为主要目的，而是“用资查考”，供全校读者借阅使用。因此，同文馆书阁实际上已具备了新型学校图书馆的性质。

同文馆书阁可以说是我国最早的大学图书馆的雏形。由于同文馆创设于京师，又是中央政府的官办学校，因此它的办学方式在全国有较大的影响。此后，各地相继创办的新式学堂、学校，大多建立了类似同文馆书阁的新型藏书楼，其中很多藏书楼日后都发展成为著名的大学图书馆。光绪二十一年（1895年）天津北洋西学学堂建立藏书室，后来发展成北洋大学图书馆，中华人民共和国成立后改称天津大学图书馆；光绪二十二年（1896年）上海南洋公学创办图书院，1921年后改称上海交通大学图书馆。至于同文馆书阁本身，由于同文馆于光绪二十八年（1902年）并入京师大学堂，同文馆书阁也于同年归并于京师大学堂藏书楼，1912年后改称北京大学图书馆。

## ■ 强学会书藏

强学会创立于光绪二十一年（1895年），当时是变法维新运动的总机关，其发起人是维新派的领袖人物康有为、梁启超、麦孟华、杨锐等人。时值甲午战败后不久，康、梁等人为变法图强上下奔走，广造舆论。他们建立强学会的目的就是"群中外之图书器艺，群南北之通人志士，讲习其间，因而推行于直省焉"。（康有为《上海强学会后序》）因此，强学会建立了新型的图书机构——强学会书藏。

梁启超在后来追忆创办强学会及其书藏时说：

当甲午丧师之后，国人敌忾心颇盛，为全瞢于世界大势，乙未夏诸先辈乃发起一政社，名强学会。彼时同人因不知各国有所谓政党，但知改良国政不可无此种团体耳。而最初着手之事业，则欲办图书馆与报馆。（梁启超《莅临北京报界欢迎会演说辞》）

康有为也曾详细记述了强学会筹办书藏的经过：光绪二十一年（1895年）七月，维新派人士集会，议开书藏，“各出义捐，一举而得数千金”，随后翰文斋也“愿送群书”，于是便在北京琉璃厂创建了强学会书藏。书藏成立后，英国和美国公使捐助了“西书及图器”，刘坤一、张之洞、王文韶等大员各捐了五千两银，宋庆、聂士成也捐银数千两，使书藏的“规模日廓”，成为京师颇具影响的新型图书机构（康有为《康南海自编年谱》）。

强学会书藏一建立，便仿照西方图书馆的做法，采取了对广大民众开放的姿态，并以普及新学、启迪民智为己任。由于当时的国民还不懂得利用图书馆，强学会的成员便四处邀人、甚至求人来看书。据梁启超回忆，强学会书藏成立后，“备置图书仪器，邀人来观，冀输入世界之智识于我国民。该书藏中有一世界地图，会中同人视如拱璧，日出求人来观。偶得一人来观，即欣喜无量”。（梁启超《莅临北京报界欢迎会演说辞》）这种传播知识、开发民智的一片热忱，令人感动不已，已然是现代公共图书馆的姿态。

同年11月，有人即以“私立会党”“显干例禁”为由，奏请清廷查封，强学会遂被禁，前后仅有四个月的时间。强学会书藏自然随之关闭。

强学会书藏虽是个短命的组织，但影响却很大。据统计，在1896年至1898年的三年中，全国各地共成立了学会87个，学堂137所，报馆91所。在这些雨后春笋般涌现的学会等组织中，很多都建立了具有近代图书馆性质的书藏或书楼。武昌质学会在《章程》中称：“今拟广搜图书，以飨会友。中书局外兼购西书，凡五洲史籍、格致专家、律制章程、制度政典，皆储藏赅备，以资他山。”上海强学会以“开大书藏”为其主要宗旨之一，具体做法是模仿西方的图书馆：“泰西通都大邑，必有大藏书楼，即中国书籍亦藏弆至多。今合中国四库图书，备钞一份，而先搜集经世有用者。西人政教及各种学术图书，皆旁搜购采，以广考镜而备研求。其各省书局之书，皆存局代售。”衡州任学会“拟设格致书室一所，以开民智，任人观看”。（《各学会藏书楼的藏书阅书规则》）这些遍及全国的学会书藏和书楼的大批涌现，成为中国公共图书馆事业的先声，为20世纪初年各地公共图书馆的普遍建立奠定了良好的基础。

## ■ 官书局藏书院

强学会书藏还产生了一个直接的重要结果，就是促成了官书局藏书院的创办。

强学会被查封，引起了朝野的广泛不满，许多有识之士纷纷上书要求解禁。结果清廷决定将强学会改为官书局，并派吏部尚书孙家鼐任官书局督办。

孙家鼐虽然不是维新派，但却接受了一些新思想，主张兴办新式教育和创办图书馆。他反对封禁强学会，认为强学会书藏“意在流通秘要图书，考验格致精蕴”，并指出“此日多一读书之士，即他日多一报国之人”（孙家鼐《官书局开设缘由》）。孙家鼐主持撰写的《官书局奏开办章程》中第一条便是“设藏书院”。

按照孙家鼐的主张，总理衙门每月拨发官书局经费一千两银，成为官书局藏书院购置图书的主要经费来源。为保证藏书（尤其是洋文图书）的质量，官书局聘请“通晓中西学问”的洋人教习帮助选购图书，并委派专职司事和译官“收掌书籍”。藏书院成立后，曾各处“咨取书籍”“搜求有用之图书”。当时官书局藏书院的藏书主要有“列朝圣训、钦定诸书及各衙门现行则例，各省通志，河槽盐厘各项政书”以及“古今经史子集有关政学术业者”（孙家鼐《官书局奏开办章程》）。尽管收藏内容上还有官办藏书机构的不少遗风，但仍注意到新学和经世致用图书的收藏。

官书局藏书院虽然不像强学会书藏那样热衷于图书的传播，但也继承了开放的精神，“用备留心时事、请求学问者入院借观，恢广学识”（同上）。因此，官书局藏书院的性质也属于近代的新型图书馆，并在某种程度上继承了强学会书藏所开创的事业。而且，由于官书局藏书院具有官办背景，其藏书之规模比强学会书藏更为宏大，社会地位也更牢固。

1898年京师大学堂成立后，官书局及其藏书院都归并于其中，成为京师大学堂藏书楼的组成部分。



## ■ 古越藏书楼

在20世纪初年兴办图书馆的潮流中，得风气之先的当属东南各省，其中最为人们称道的就是被誉为“近代公共图书馆先河”的古越藏书楼。

古越藏书楼书目

古越藏书楼的创办者是绍兴缙绅徐树兰。徐树兰，字仲凡，号检庵，浙江绍兴人，道光十七年生（1837年），光绪二十八年（1902年）卒，终年六十六岁。光绪三年（1877年）中举人，曾任兵部郎中、候选知府、盐运使等职。后以母病归乡，热心于兴办各种社会公益事业，如筹办中西学堂、修筑海堤、创设义仓和救疫局等，因此深孚社会众望。

徐氏创办的西方式教育机构“绍郡中西学堂”，推行新式教育，在东南地区产生了较大影响。而后徐氏又把目光投向了西方式的图书馆，认定了开办公共图书馆这条道路。他从西方的图书馆得到了启迪：“泰西各国讲求教育，辄以藏书楼与学堂相辅而行。都会之地，学校既多，大必建楼藏书，资人观览。……一时文学蒸蒸日上，良有以也。”（徐树兰《为捐建绍郡古越藏书楼恳请奏咨立案文》）因此，他“参酌各国规制”，创建了古越藏书楼。

古越藏书楼“集议于庚子，告成于癸卯”（张謇《古越藏书楼记》），亦即创办于1900年，建成于1903年。为兴办这一前无古人的事业，徐氏独家捐银八千六百余两，在绍兴城西的古贡院购地一亩六分，开工营造藏书楼。建成的古越藏书楼为四进楼房，前为藏书用的楼房，中有厅堂为公共阅览室，备有桌椅器具。楼中藏书，除徐氏家藏外，又购置了新出的译书及图书、标本、报章等，使藏书总量达七万余卷，仅书目就有三十五卷。这些共花费银三万二千九百余两。此外徐树兰又决定每年捐洋一千元，作为古越藏书楼的日常开支。这些钱都是徐氏自捐或筹集的（徐树兰《古越藏书楼书目序》）。

遗憾的是，徐树兰没有最后看到古越藏书楼的建成开放，即于1902年去世。徐树兰之子徐显民继承父志，完成了古越藏书楼的建造，并对全郡开放。辛亥革命前后，古越藏书楼一度停办。1915年徐氏后人呈请继续开办古越藏书楼，受到当时教育部的嘉许。抗日战争前，古越藏书楼改名为绍兴县立图书馆。中华人民共和国成立后，其藏书移交绍兴鲁迅图书馆。现在绍兴市胜利路古越藏书楼旧址尚存石库墙门和临街楼。

**理念支撑**、**事业发展**、**学科形成**，三者共同构成了基本的构件，图书馆尤其是**公共图书馆这个**『**天堂**』，就是在此基础上建造起来的。

# 四

# 砥　砺　前　行

——中国现代图书馆的产生与发展

## “新政”催生

在我国现代图书馆发展史上，真正奠定新型图书馆基础、起到了划时代作用的，当属各地区（尤其是省一级）官办大型公共图书馆和国家图书馆的建立。因为面向整个地区乃至全国的大型公共图书馆是整个图书馆事业的中枢和基础，也是国家图书馆事业崛起和形成的标志。而兴办这样的大型图书馆，又绝非私家或团体之力所能办到，只能依靠政府兴办和公费支持才能实现。

从20世纪初年开始，中国进入了史称“清末新政”的时期，兴建图书馆是其重要内容。当时无论是中央政府的亲贵重臣及学部，还是各个地方督抚，都纷纷上奏设立图书馆。清政府也正式将建立京师和各行省图书馆列入了“预备立宪”的内容。从这时起，建设图书馆就变成了“官制”，也就是政府兴办的国家行为，不再是开明士绅倡导的民间活动，也不仅仅是开办新式学堂教育的附属物。

顺乎其势，在20世纪初年，各省的官办公共图书馆如同雨后春笋，相继在各地出现。这是在西方涌来的新思潮的推动下所产生的瓜熟蒂落的效应，也是几代有识之士多年奔走呼号、不懈奋斗的结果。新型公共图书馆成为“清末新政”得以留存下来的为数不多的有益成果之一，为衰朽的清王朝涂抹了最后几点亮色。

新式图书馆，尤其是各地官办公共图书馆的诞生，标志着中国图书馆事业从酝酿时期、萌芽时期，进入了全面实施的时期。这一时期各地建立的官办大型图书馆不下20所，主要情况如下表所列：

## 清末主要官办公共图书馆一览表

| 创办时间 | 名称 | 地点 | 创办人 | 备注 |
| --- | --- | --- | --- | --- |
| 1903年 | 浙江藏书楼 | 杭州 | 张亨嘉 | 1909年正式定名为浙江图书馆 |
| 1904年3月 | 湖南图书馆兼教育博物馆 | 长沙 | 赵尔巽 | 1905年正式定名为湖南图书馆 |
| 1904年8月 | 湖北图书馆 | 武昌 | | |
| 1904年 | 福建图书馆 | 福州 | | |
| 1907年 | 江南图书馆 | 江宁（今南京） | 端方、缪荃孙 | |
| 1908年10月 | 直隶省城图书馆 | 天津 | 卢靖 | |
| 1908年 | 黑龙江图书馆 | 齐齐哈尔 | 徐世昌、周树模 | |
| 1908年 | 奉天省城图书馆 | 奉天（今沈阳） | 张鹤龄 | |
| 1909年2月 | 山东图书馆 | 济南 | 袁树勋 | |
| 1909年2月 | 河南图书馆 | 开封 | 孔祥霖 | |
| 1909年5月 | 吉林图书馆 | 吉林 | 锡良、陈昭常 | |
| 1909年7月 | 京师图书馆 | 北京 | 张之洞、缪荃孙 | |
| 1909年 | 陕西图书馆 | 西安 | 恩寿 | |
| 1909年 | 归化图书馆 | 归化 | 三多 | |
| 1909年 | 云南图书馆 | 昆明 | 沈秉堃 | 1910年3月正式开馆 |
| 1909年 | 广东图书馆 | 广州 | 沈曾桐 | 由张之洞创办的广雅书局藏书楼扩建而成 |
| 1909年 | 山西图书馆 | 太原 | 宝棻 | |
| 1910年 | 广西图书馆 | 桂林 | 张鸣岐 | |
| 1910年 | 甘肃图书馆 | 兰州 | 陈曾佑 | |
| 1910年 | 上海图书馆 | 上海 | 盛宣怀 | |

在这些大型官办公共图书馆中，实力最雄厚、影响最大的是南京的江南图书馆和北京的京师图书馆。这南北两大图书馆的实际创建人，都是我国近代著名的图书馆学家缪荃孙。

缪荃孙，字炎之，一字筱珊，又作小山，晚年号艺风，江苏省江阴县人。道光二十四年（1844年）生，卒于1919年。他是清末著名的史学家、教育家，也是功勋卓著的藏书家、目录学家和图书馆学家。缪荃孙青年时即致力于考据学、目录学和金石学。同治六年（1867年）中举，光绪二年（1876年）中进士，任翰林院编修，供职于史馆。其间曾被招入张之洞幕府，为张撰写《书目答问》。缪氏毕生酷爱图书，学识渊博，著述颇多，其中很多都是有关图书和目录学的。除在近代学术界影响极大的《书目答问》外，还有《艺风堂藏书记》《艺风堂读书记》《盛氏愚斋图书馆藏书目录》《京师图书馆善本书目》《各省志书目》《宋元本留真谱》等，堪称一代宗师。他的个人收藏"艺风堂藏书"，经长期搜求，珍善本极丰，全盛时曾达十多万卷。



江南图书馆创建于光绪三十三年（1907年）。是年，缪荃孙受两江总督端方的委派，出任江南图书馆监督，据缪氏自述："午帅（端方）奏派主图书馆事。十日，偕陈善余赴浙，购八千卷楼藏书，以七万元得之。丁氏书旋陆续运江宁。"（《艺风老人年谱》）这里所说的就是著名清末四大藏书楼之一的丁氏八千卷楼，这批珍贵的图书奠定了江南图书馆的藏书基础。此后，又陆续购买了许多图书，并接收清廷拨发的《古今图书集成》等，使江南图书馆的藏书日益丰富，在东南各省中产生了很大的影响。清廷学部曾称："各省设立图书馆，在宪政筹备之内，江南最为完备，经费颇省，来阅览者亦多。”（《学部官报第100、150期》）可见江南图书馆是各省图书馆中的佼佼者，受到了当时朝野普遍的关注。

1912年，江南图书馆改称江南图书局，又改称江苏省立图书馆。民国期间，该馆曾多次易名，有江苏省立第一图书馆、第四中山大学图书馆、江苏大学国学图书馆、中央大学国学图书馆、江苏省立国学图书馆等称。中华人民共和国成立后，该馆与南京图书馆合并，现为南京图书馆古籍部。

在我国现代图书馆事业史上产生了划时代作用和最重要影响的事件，当首推京师图书馆的创建。

在首都设立国家图书馆的构想由来已久，郑观应、李端棻、梁启超等人都曾倡导过全国性的大型图书馆。然而由于历史的原因，国家图书馆的出现却明显落后于各省的官办图书馆。光绪三十二年(1906年)，罗振玉写了《京师创设图书馆私议》一文，再次比照西方诸国提出倡议：“方今欧、美、日本各邦，图书馆之增设与文明之进步相追逐，而中国则尚阒然无闻焉。鄙意此事亟应由学部倡率，先规划京师之图书馆，而推之各省会。”并同时提出了择地建筑、请赐书、开民间献书之路、征取各省志书及古今刻石、置写官、采访外国图书等六项建议（罗振玉《京师创设图书馆私议》）。至宣统元年（1909年），清廷为了筹备立宪，学部于当年三月写出了《奏分年筹备事宜折》，提出于宣统元年“京师开办图书馆”和“颁布图书馆章程”的计划（《学部官报第85期》）。这样，创办京师图书馆就成为预备立宪的内容，被正式列入政府日程。

筹建京师图书馆之事由学部大臣张之洞主持。据《张文襄公年谱》记载，宣统元年（1909年）七月，张之洞病重，弥留之际呈上了《学部奏筹建京师图书馆折》，是张之洞生前的最后一个奏折。此项奏议于同年八月初五获清廷批准，是为京师图书馆正式诞生的标志。

缪荃孙被委任为京师图书馆监督（馆长）。缪氏接到任命后，当即赴江南协商购买常熟瞿氏的“铁琴铜剑楼”藏书。当时京师图书馆没有专门的馆舍，缪荃孙等人只能在城北广化寺整理图书（《艺风老人年谱》）。据现在所知，最初入藏的有翰林院和国子监的藏书及内阁大库残本，调集的各省官书，还征调了翰林院《永乐大典》、库伦“唐开元御制故阙特勤碑拓片”、敦煌经卷、常熟瞿氏藏书、湖州姚氏藏书、扬州徐氏藏书等善本入藏。京师图书馆中设正副监督各一人，提调四人。馆内事务分为典藏科、检查科、文牍科、庶务科四科，各科设正副科长各一人，科员、写官若干人。馆内没有正式的预算经费，用费均由学部请领，每月约千两银左右（《学部奏筹建京师图书馆折》）。



京师图书馆创建的第二年（宣统二年，1910年），学部拟定的《京师图书馆及各省图书馆通行章程》正式颁布。这是我国官方第一个图书馆法规，也是我国图书馆事业史上的一件大事。该章程开宗明义，第一条即指出：“图书馆之设，所以保存国粹，造就通才，以备硕学专家研究学艺、学生士人检阅考证之用，以广征博采、供人浏览为宗旨。”（《京师图书馆及各省图书馆通行章程》）应该说这一思想是深得新型图书馆之精髓的。章程中对各种公共图书馆的收

京师图书馆，现为国家图书馆古籍分馆



藏范围、职责、管理制度、流通方法均做了详明的规定，是我国图书馆事业成熟的集中体现。

以京师图书馆的建立和《京师图书馆及各省图书馆通行章程》的颁布为标志，中国的图书馆走完了从藏书楼到图书馆的曲折历程，由此完成了量变到质变的飞跃，一个新型的、西方式的、迥异于几千年藏书楼传统的现代图书馆事业宣告诞生了。

京师图书馆即为今日国家图书馆前身。

# 群星

图书馆这一新生事物在中国发端、嬗变和成型，给中国传统社会，尤其是沿袭千年的藏书制度，带来了一系列的冲击和变化：

——古代藏书机制逐步衰落，新型文献机构日渐兴起；

——社会文献从私有化和只为少数人所利用，转变为公共化、社会化、公益化，形成了面向社会的文献信息体系；

——新型图书馆取代旧式藏书机构，成为社会文献收藏的主流；

——古代藏书思想成为历史，近代图书馆学产生。

在这一时期和其后的一段时间里，除了以上提到的各省官办图书馆和京师图书馆（国家图书馆）外，还有一些曾有过重要社会影响和历史作用的各种类型图书馆。以下例举均为有代表性者，如公共图书馆、大学图书馆、民办图书馆、教会图书馆等。



## ■ 京师大学堂藏书楼和北京大学图书馆

京师大学堂藏书楼的创办揭开了中国现代大学图书馆的序幕。

旧式官办学校的藏书机构被称为“官学藏书”。这种官学藏书的起源很早，《礼记》中就有周代“礼在瞽宗，书在上庠”的记载

（《礼记·文王世子》），上庠就是古代的大学。西汉时期，正式建立了太学，并有专门的太学藏书，“外则有太常、太史、博士之藏，内则有延阁、广内、秘室之府”（《汉书·艺文志》），其中博士藏书即是专用的官学藏书。东汉时期的中央藏书机构有辟雍、东观、兰台、石室、宣明、鸿都等（《后汉书·儒林传》），其中辟雍、鸿都即为中央官学的藏书机构。隋朝文帝年间设立了国子寺，炀帝时又改为国子监，从此国子监就成为我国古代的中央大学和全国教育管理机关，其后各朝代均相沿不改。而以国子监藏书为主体的中央官学藏书体系也就最后形成并确立下来，成为我国古代藏书事业的一个重要的组成部分。

京师大学堂

至清朝新政期间，废科举，办学堂，旧时代官学藏书的历史使命就宣告结束了。京师大学堂藏书楼就是在这种历史背景下诞生的。清朝政府本意是将京师大学堂藏书楼作为传统官学藏书的延续来创办的，但它却成了我国新型大学图书馆的开端。

京师大学堂创建于光绪二十四年（1898年）七月，是戊戌变法中的产物。当时的吏部尚书兼官书局督办孙家鼐任管学大臣，而京师大学堂的实际倡导者和设计者是梁启超等维新派领袖。同年九月，以慈禧太后为代表的顽固派即发动戊戌政变，各种新政、新法尽遭废黜，这时京师大学堂仅建立两个月时间。尽管大学堂本身得以幸存，但兴办新式教育，广育人才、讲求时务等宗旨均已无法实现。庚子年间（1900年），义和团和八国联军先后进京，京师大学堂被迫停办。光绪二十八年（1902年）京师大学堂复校，张百熙就任管学大臣，学校的各项教育活动逐步正规，并开始转入了近代教育的轨道。

京师大学堂藏书楼的建立与发展是我国近代图书馆史上的一件大事，对我国新式图书馆的成熟与完善有着极大的影响。当时它虽然名为藏书楼，但其性质已完全是新型的大学图书馆。如果从其前身同文馆书阁和强学会书藏算起，它就是我国近代自行创办的最早的新式图书馆，也是当时规模最齐备、影响最广泛的图书馆。京师大学堂有着全国最高学府的地位，使得京师大学堂藏书楼在我国图书馆发展史上的作用远远超过了当时的一些传教士、学堂或开明缙绅所创办的新式图书馆。在1909年京师图书馆（今国家图书馆）正式成立之前，京师大学堂藏书楼实际上是我国新型图书馆的一面旗帜和楷模，实际上履行着国家图书馆的职能。京师大学堂藏书楼在我国高校图书馆发展史上的作用尤为关键。由于京师大学堂兼有最高学府和全国教育管理机关的双重地位，所以它的办校、办馆方式实际上成了全国院校的一个范例。诚如当年梁启超等人所期望的，京师大学堂藏书楼起到了“以广天下风气”的作用。此后，办学堂必建图书馆，建图书馆必取法于京师大学堂藏书楼，在当时兴办新式教育的潮流中已蔚成风气。这种局面的形成，是与京师大学堂藏书楼的作用和影响分不开的。

1912年，京师大学堂藏书楼改称北京大学图书馆，1920年代亦曾称北京大学图书部。

1917年，蔡元培出任北京大学校长。1918年，经章士钊推荐，蔡元培聘任李大钊出任图书馆长（图书部主任）。北京大学图书馆由此进入了一个辉煌的时期，成为传播新思想、新文化和宣传马克思主义的阵地。

受到北大图书馆直接影响的有一大批追求进步的青年，他们当中有邓中夏、罗章龙、毛泽东、张国焘、刘仁静、张申府、高君宇、何孟雄等，都是后来中国政坛的风云人物，其中最为重要的是毛泽东。毛泽东在青年时代曾两次与北京大学图书馆发生关系，一次在1918年9月至1919年3月，一次在1919年12月至1920年4月，并曾以“书记”职务在图书馆工作。

1937年，抗日战争全面爆发，北京大学南迁，几经动荡，于1938年在昆明与清华大学、南开大学一起建立了西南联合大学，同时建立了西南联大图书馆。抗战胜利后的1946年，北京大学在北平复校，图书馆也从昆明回迁，同时接收了沦陷区的北大图书馆。

中华人民共和国成立后，1952年全国院系调整，北大图书馆迁至燕园的原燕京大学图书馆馆舍。1975年，图书馆新馆建设完工，面积达2.4万平方米，邓小平题写了馆名。2005年，扩建的西楼工程完成，总馆面积达到5.3万平方米。现在北京大学图书馆以世界一流大学图书馆的面貌呈现于世人面前。



## ■ 文华公书林

在20世纪初年，在武昌凤凰山下的昙华林，有人兴建起一座美国模式的新式图书馆，这就是曾在中国现代图书馆历史上发挥过非比寻常重要作用的“文华公书林”。

说起这座著名的开放式公共图书馆，首先要提到它的创建者，旅居武昌的美国图书馆员韦棣华女士。这位传奇式的女图书馆员，被曾任民国大总统的黎元洪称为“中国现代图书馆运动的皇后”。

韦棣华出生于美国纽约州巴达维亚（Batavia N.Y.）。1900年，韦棣华来华探望做传教士的弟弟，而后留在武昌，在美国圣公会办的文华书院做英语教员。

韦棣华在教学中发现，文华书院的图书非常缺乏。出于曾经任职图书馆的职业本能，她觉得应该建立一所图书馆来解决学生的课外阅读之需。于是在授课之余，她便在该校校园内称为“八角亭”的一间小屋内，陈列所能搜集到的外文报章杂志供学生阅览。当时学生称它为“报房”，此即文华公书林的雏形。

在此后的1906至1907年间，韦棣华开始筹办一所正规的图书馆，这是一个宏大而艰巨的计划。她在致力于文华书院藏书室建设的同时，发现“在全中国没有一所可以正确地称为公共图书馆的设施”，使她产生了发展中国公共图书馆的念头，建立“一所不仅供学生用也供大众用的图书馆”。

1906年文华书院开始准备扩建成大学，于是韦棣华亲自策划，向学校建议建立一所图书馆。为此韦棣华返回美国，进入纽约布鲁克林的普拉特学院图书馆学校（Pratt Institute Library School in Brooklyn， New York）进一步学习深造，同时四处演讲，寻求资助。

在她的努力下，此行大约获得了一万美元的捐款和大量赠书。

她于1908年夏返回武昌，并随船将个人用品悉数运来中国，从此定居中国。她来到中国时只有三十多岁，没有结婚，直到71岁在武昌去世，将后半生全部贡献给了中国的图书馆事业。

韦棣华回到中国后便开始新图书馆建筑的筹划和建造。图书馆于1910年春落成，正式取名为文华公书林。有学者指出，“公书林”这一译名非常漂亮得当，相比“图书馆”，更能够准确地表达library一词的确切含义，更能体现出现代图书馆的精神，很可惜这一名称没有传播开来。

文华公书林的落成是中国图书馆事业发展史上具有轰动性的一件大事。这座颇为壮观的“崇楼杰阁”，号称“十万元之建筑，三万册之图书”。同时，它还是我国最早按美国图书馆模式建成的一所开放式的图书馆，也是我国第一座真正意义上的公共图书馆。在韦棣华的倡导下，文华公书林不仅成为大学的图书馆，还对武汉三镇的各界民众开放，被蔡元培先生誉为“弥乎众生”。韦棣华本人非常坚持文华公书林的公共图书馆属性，反对它为文华书院所私有。

韦棣华对中国图书馆事业发展的贡献是多方面的，不仅仅限于文华公书林。1920年，她和她的学生沈祖荣、胡庆生一起创办了“文华图书馆学专科学校”，简称“文华图专”，开创了中国图书馆学教育的先河。文华图专是武汉大学图书馆学系的前身，后改称武汉大学图书情报学院、武汉大学信息管理学院，是我国历史最悠久、规模最大的图书馆学教育与研究机构。韦棣华还积极参与了“庚子赔款”处置工作。为使这笔款项能够用于中国的教育文化事业，她联络中国二百多名社会名流向美国和中国的政府呼吁，还到美国游说了二百多名国会议员，使美国国会通过议案，规定退还“庚子赔款”的三分之一用于文化教育。现在的国家图书馆位于北海文津街的分馆舍就是用这笔款项建造的。韦棣华还积极推动中华图书馆协会的建立，并使中国成为国际图书馆协会联合会（简称“国际图联”，IFLA）的发起国之一。1927年，在英国图书馆协会成立50周年庆祝大会上，韦棣华代表中国图书馆协会签字，与美国、英国等14个国家图书馆协会的代表共同创建了国际图联。

1930年，全国各地图书馆界开始筹办一个活动，纪念韦棣华来华30周年、文华公书林建成20周年和创办文华图专10周年。就在这一活动即将开始的时候，韦棣华因癌症而一病不起，活动被迫推迟到第二年5月。就在第二年临近活动开始的前五天，韦棣华去世了。

在韦棣华的生前与身后，文华公书林经历了辉煌而又曲折的发展道路。

文华公书林建成后，韦棣华自任总经理，委派她的学生沈祖荣做协理，后来胡庆生也参加了公书林的工作。沈祖荣、胡庆生后来都曾赴美国学习图书馆学，成为中国第一代图书馆学家，也是现代图书馆学教育的开创者。

当时的公众对图书馆这一新生事物都比较陌生，没有利用图书馆的意识，学生也缺乏在图书馆精心研求的习惯。文华公书林就想尽办法吸引读者，在校内外开展各种宣传活动，号召人们前来利用，并给来馆借阅者以周到的服务。在馆内实行开架借阅，让读者直接在书架上寻求书籍。这不但在当时的中国没有先例，即使在欧美也只有少数图书馆试行。于是来馆读者日渐增多，公书林的影响也开始影响到武汉三镇。由于三镇范围广大，两江分割，许多读者不方便直接来馆借阅，于是公书林又先后在圣迈克尔教堂（St. Michael's Church）和三一教堂（Trinity Church）设立阅览室。前者主要供该教区民众、士兵和学生使用，后者主要供商人、店员使用，方便了人们就近阅览。1914年又进一步建立"巡回文库"制度，将各种书籍，每50册至100册，装箱分送到各个学校、机关、工厂陈列，就近阅览，并定期交换。同时还举办各种演讲会、音乐会、戏剧表演等活动，扩大影响。采取这些措施后，文华公书林遂名播武汉三镇，影响遍及全国。

抗日战争全面爆发后，1938年武汉沦陷，曾经辉煌一时的文华公书林藏书损失殆尽，先进的设备被掠夺一空，上千件的博物收藏也不知去向。

抗战胜利后，该建筑虽然幸存，但已败坏不堪，留下了无法弥补的遗憾。

## ■ 涵芬楼及东方图书馆



清末民初是我国现代图书馆事业创立和迅速发展的时代，官办图书馆成为主流。但这一时期私人及团体兴办的图书馆也占有一席之地，如梁启超发起的为纪念蔡锷（蔡松坡）建立的松坡图书馆，黄炎培等人建立的鸿英图书馆、上海总商会图书馆、中华书局图书馆等，都曾名重一时。其中最负盛名的是上海商务印书馆涵芬楼及东方图书馆。

涵芬楼的创办者是著名现代出版家张元济（1867—1959）。张元济，字菊生，号筱斋，浙江海盐人。出身于书香门第、藏书世家，他的祖上是海盐藏书、刻书名家，“涉园”的创始人张奇龄，至张元济已经十代。张元济是光绪十八年（1892年）进士，曾任总理各国事务衙门章京。因积极参与戊戌变法活动，失败后被革职。1902年加入商务印书馆，不久后任新筹建的编译所所长。1916年任商务印书馆经理，1920—1926年改任监理，1926年任董事长直至逝世。1949年出席中国人民政治协商会议，是第一、第二届全国人大代表，上海文史馆馆长。

从1904年开始，张元济着手筹建商务印书馆图书馆，取名涵芬楼。其初衷是为研究著译提供参考，满足编译所的工作需要，并为影印出版古籍准备底本。在其后的几年间，涵芬楼陆续搜集了绍兴徐氏、长州蒋氏、太仓顾氏、清宗室盛氏、丰顺丁氏、江阴缪氏等诸多藏书大家出让或散出的图籍，藏书日渐丰富。至民国初年，涵芬楼已经“富甲一方”，成为称盛一时的著名图书馆。

如同历代许多有成就的藏书家一样，张元济信奉“藏书不如刻书”。在他的主持下，商务印书馆整理、校勘、出版了许多对后世影响很大的古籍丛书,，如《涵芬楼秘笈》《四部丛刊》《续古逸丛书》《百衲本二十四史》《丛书集成初编》《续藏经》《正统道藏》《学海类编》，以及《四库全书珍本初集》《选印宛委别藏四十种》等多种大型古籍丛书，对现代学术文化研究起到了重要作用。

在1921年为纪念商务印书馆创立25周年之时，张元济提议创办公共图书馆。商务印书馆遂出资在上海宝山路商务总厂对面建造了四层楼钢筋混凝土大楼，将涵芬楼藏书移入，又增添报刊、商务版图书等阅览室，定名为东方图书馆，王云五任馆长。1926年5月3

日，正值纪念商务印书馆建馆30周年之际，东方图书馆正式开馆对公众开放。在新馆三楼，专辟一室储藏善本，仍用旧称涵芬楼。1928年又增设儿童图书馆。1929年设置流通部，采购新书数万册，读者缴纳保证金后，均可凭证借书。

东方图书馆是当时最大的私立图书馆。无论是藏书数量、质量，还是其先进的理念和办馆方针，它都堪称当时全国首屈一指的图书馆之一，为社会文化和学术研究做出了卓越的贡献。

令人愤慨的是，1932年日本侵略军在上海发动“一·二八”事变，淞沪抗战爆发，日军轰炸机向商务印书馆投下六枚炸弹，总厂被炸毁，日本浪人又潜入东方图书馆纵火，使这座著名图书馆一夜间全部化为灰烬。时人曾这样描述：是时浓烟遮蔽上海半空，纸灰飘飞十里之外，火熄灭后，纸灰没膝，五层大楼成了空壳，其状惨不忍睹。张元济与同仁们抱头痛哭：“连日勘视总厂，可谓百不存一，东方图书馆竟片纸不存，最为痛心！工厂、机器、设备都可以重修，唯独我数十年辛勤收集的几十万书籍，今日毁于敌人炮火，是无从复得，从此在地球上消失了。”这是我国文化史上的一场罕见的浩劫，从此辉煌一时的涵芬楼及东方图书馆不复现于后世。

远留存史册的是涵芬楼、东方图书馆及其创始人张元济的精神和业绩。正如张元济晚年书写的一副对联所阐述：“数百年旧家无非积德，第一件好事还是读书”，这恰是作者一生追求的写照。

## ■ 燕京大学图书馆

在中国现代图书馆的发展史上，教会图书馆曾起到过至关重要的作用。

如果专就教育领域看，教会大学及其图书馆在中国的出现和发展，有着一个复杂曲折的历史过程，在我国现代教育史及图书馆事业史上占有一席之地：我国最早的新式学校是1839年传教士在澳门开办的马礼逊学堂，第一所大学图书馆是1888年圣公会创办的圣约翰大学图书馆，第一所图书馆教育专科学校是与教会关系甚深的韦棣华女士在1920年创办的武昌文华图专。

大体说来，在20世纪初叶之前，教会大学的目的只是传教，宣扬教义是其主要的课程，大多数教会大学的图书馆收藏也以西文书、宗教书为主。“五四运动”之后，中国知识分子的民族意识和爱国热情不断高涨，逐渐形成了针对各种教会学校的收回教育权运动。教会学校面对形势的变化和中国民族主义的挑战，为生存计，采取了“中国化”的方针，如接受中国政府的注册和管理，取消硬性的宗教礼拜和宗教课程，学校的最高行政职务由中国人担任等。这时的教会学校图书馆也开始大量收藏中国书籍，有的在文史古籍方面甚至超过了国内其他类型的大学图书馆。在这场变革之后，教会学校及其图书馆虽然仍保存了自身的一些特点，但与其他大学及其图书馆的界线已变得不甚明显了。

中国教会学校这种发展变化的轨迹，集中地体现在了燕京大学身上。燕京大学的创始人和主办者是司徒雷登（John Leighton Stuart，1876—1962）。司徒雷登出生于杭州，父母均为美国在华传教士。1904年他开始在中国传教，曾参加建立杭州育英书院（即后来的之江大学）。1919年起任燕京大学校长、校务长。1946年任美国驻华大使，1949年8月离开中国。1962年逝于美国华盛顿。

燕京大学在1919年成立后，早期的课程偏重于宗教和西学，教员也以外国人为主。20世纪20年代起，在司徒雷登的主持下，燕京大学率先进行了“中国化”的变革。1926年建成的古色古香充满中国传统建筑格调的新校园，就绝妙地体现出司徒雷登等燕京大学决策者的指导思想：寓西于中，中西结合，注重保留中国的文化传统。燕大首倡废除宗教必修科目和公共礼拜仪式，注重中国文史课程，聘请了许多著名的国学大师为教员，还积极参与建立了鼓励中国文史研究的“哈佛燕京学社”及其图书馆。

正如时人所说，在司徒雷登的努力下，燕大在形式和精神上都已成为“真正的中国学校”。燕大也因此而成为中国教会学校中声誉最著的佼佼者。燕京大学云集了当时的一批大师，陈寅恪、郑振铎、周作人、钱玄同、许地山、费孝通、郭绍虞、邓之诚、顾颉刚、张友渔、容庚、钱穆、吴文藻等都曾在燕京大学任教。在1941年太平洋战争爆发后，燕大曾南迁成都，抗战胜利后回北平复校，1952年院系调整时与北京大学合并，燕京大学前后凡33年。在如此短暂的时间里，其间还受到日本侵华战争的严重干扰，注册学生总共不超过一万名，却为中国培育了一大批高水平的人才，很多是各个领域的领军人物。其中，中国科学院院士42人，中国工程院院士11人，其他卓有成绩者不计其数，可说是科学家的摇篮。第二次世界大战时，中国驻世界各大城市的新闻特派员，十分之九是燕京大学新闻系的毕业生。

燕京大学图书馆发展的历程，可以看作是中国教会大学图书馆的一个缩影，也是中国现代图书馆，尤其是现代大学图书馆发展史上的一个重要组成部分。

与燕京大学相同，燕京大学图书馆成立于1919年，结束于1952年。其间33年的历史可以大体划分为4个阶段：第一阶段从1919年至1925年，可称之为初创时期；第二阶段以1926年燕园新馆舍落成为标志，可称为鼎盛时期；第三阶段从1941年太平洋战争爆发开始，可以称之为动荡时期；第四阶段从1946年燕大复校至1952年与北京大学合并，可称之为恢复和发展时期。

燕大图书馆在战前鼎盛时期，藏书曾达到30余万册，在当时的大学图书馆中仅次于中山大学和北京大学，居全国第三位。著名的特色在于收藏东方学文库、中文善本、古籍丛书、书目索引和工具书等。

1952年全国院系调整，燕京大学图书馆与北京大学图书馆合并，成为北京大学图书馆的一部分。



■ 西南联合大学图书馆

西南联合大学（简称“西南联大”）图书馆草创于1937年，缘起于抗日战争爆发。构成西南联大图书馆的北京大学图书馆、清华大学图书馆和南开大学图书馆均为清末以来创立的著名新式图书馆。

1937年7月，卢沟桥事变发生，抗日战争全面爆发，平津相继陷落。北京大学、清华大学、南开大学三校的图书馆由此开始了一场万里大迁徙。

三校南迁到长沙后，成立了长沙临时大学，从中英庚款董事会的补助中拨款5万元，筹划组建图书馆。由于北大的图书全部在沦陷区，清华、南开两校的图书也未及运到，北大图书馆便与迁来长沙的北平图书馆和中央研究院史语所合作，组成了临时大学图书馆，由北平图书馆馆长袁同礼出任馆长。临时大学图书馆成立后，由临时大学与北平图书馆各出五万元购书费，即刻着手购置图书。由于战时交通不便，外地及国外的图书很难运到，临大图书馆便在长沙各书肆中采买，主要添置与教学直接相关的普通参考书。经过三个月的惨淡经营，临大图书馆有了中文书6,000册，西文书2,000册，勉力支撑着教学之需。

临时大学图书馆只维持了几个月的时间。1937年年底，南京陷落，武汉危机，局势骤然紧张起来。1938年1月，临时大学奉命迁往昆明。图书馆的全部图书及商借的北平图书馆和中央研究院的图书，共装了400余箱，经粤汉铁路运至广州，再取道香港至越南海防，从滇越路进入云南，经历了千难万险，历时三个月，终于在三、四月间陆续运抵昆明。

1938年4月，临时大学全部迁至昆明，正式更名为国立西南联合大学，简称“西南联大”，图书馆也定名为国立西南联大图书馆。西南联大图书馆成立后，由于藏书缺乏，起初仍与北平图书馆和中央研究院保持着合作的关系，调借了大量北平图书馆和中央研究院的图书。初到昆明时，学校没有固定和集中的校舍，因此西南联大图书馆也几经变动搬迁。直至1939年夏，西南联大在昆明大西门外的新校舍落成，图书馆才有了固定的专用馆舍，结束了到处“打游击”的局面。

新图书馆馆址位于新校舍北区的中央，是一座丁字形的瓦顶平房，前部是一间能容纳800人的大阅览室，即第一阅览室，后部是一座可容书10万册的书库，另有期刊阅览室一间，期刊库一座，办公室四间。另外，在拓东路迤西会馆的工学院中，将会馆的大殿改造为可容400人的阅览室，是为第二阅览室；新校舍南区的理学院有专门的期刊阅览室，可容80人，是为第三阅览室；位于新校舍附近的师范学院有一间可容200人的阅览室，为第四阅览室。自此，西南联大图书馆才规模初具，基本定型，当时的图书馆馆长严文郁曾形容为“虽属简朴，而宏敞可喜” 。西南联大图书馆为时8年的历程，大部分是在这座简陋的馆舍中度过的。“茅屋草舍育英才”，对于西南联大图书馆，师生们至今仍保留着亲切温馨的记忆。

尽管有了新的馆舍，但西南联大图书馆的条件仍是十分艰苦的。每到昆明的雨季，简陋的馆舍就会漏雨，许多学生只好打着雨伞看书。西南联大的学生大多数是流亡学生，无钱买书，读书考试只能依靠图书馆，而图书馆的座位和参考书又不敷使用，因此学生们每天都要到图书馆“抢位子，抢灯光，抢参考书”，借书处也要排长队。图书馆开门之前，门前总要黑压压挤了一大片学生，致使当地人误以为是在抢购电影票。



学生们在图书馆找不到座位，就只好到街市上的茶馆里去看书，于是校舍附近的许多茶馆便应运而生。当年的联大学生、著名作家汪曾祺就曾戏称之为“茶馆出人才”。他回忆说：“联大图书馆座位不多，宿舍里没有桌凳，看书多半在茶馆里。联大同学上茶馆很少不挟着一本乃至几本书的。不少人的论文、读书报告，都是在茶馆写的。”昆明街头的大小茶馆，竟成了西南联大图书馆为数众多的“分馆”。

生活、学习条件之艰苦，不仅仅限于学生，西南联大的教师和职工都是在艰难困苦的条件下生活和办学的。据核计，1943年联大教授每月的薪金已由战前300多元降至实值仅合战前的8元3角，只能维持全家半个月的最低生活，一般职工的生活更是无法维持，人称“十儒九丐，啼饥号寒”。但师生们大多都能同甘共苦，共渡时艰，怀着“多难殷忧新国运，动心忍性希前哲”（《西南联大校歌》）的爱国精神，勉力支撑着风雨飘摇的西南联大图书馆，则成为一段可钦可敬的佳话。

西南联大时期，图书馆的购书经费也处于极大的困境之中。西南联大成立后，每年的预算仅及抗战前清华一校的经费额，还要受政府拖延拨发和货币不断贬值的影响。在这种困难局面下，西南联大只能到处求助或借债度日，因此图书馆只能得到少得可怜的一点购书经费。据记载，1938年每月的购书预算仅为4,300元，实际得到只有1,868元；1939年每月购书预算仅为5,966元，实际得到只有2,982元。从数额上看，联大图书馆的购书费仅及原北大图书馆的三分之一，而且由于货币的大幅度贬值，实际的购书费买不了几本书刊。直到1941年，教育部才拨给西南联大美金38,000元作为设备费，其中图书费约占21,400元，此外“世界学生救济会”还捐赠给图书馆七八千元法币用于买书。虽然有了少量的经费，图书馆却很难买到书，上海、武汉失陷后，滇越铁路中断，内地图书订购变得十分困难；特别是太平洋战争爆发以后，滇缅路已不通，国外购书的渠道也告中断，已经订购的一批图书也在运输中遗失。西南联大图书馆只能凭着少量的经费，在昆明各旧书肆中寻觅选购教学用书，真可谓艰难备至。

除了生活和工作上的种种艰辛外，敌机经常来昆明轰炸，也给西南联大图书馆带来了种种困难。空袭警报一响，工作人员就要携带贵重图书和读者一起到山沟里隐蔽，警报解除后还要尽快恢复开放。为避轰炸，除必要的参考书外，大部分图书都要存放在乡间。1941年8月14日中午，日寇出动轰炸机27架，以西南联大图书馆为目标轰炸，投弹数十枚，致使书库北部中弹倒塌，阅览室的屋顶和门窗震坏，并引起火灾。经奋力灭火和抢救，幸未造成大损失，图书被毁仅二三百册，但阅览室的杂志和报纸却因水淹土压而全部报废，馆中设备也大部损坏。经奋力抢救，轰炸后仅一个月图书馆便修复开放。

在这样的艰苦条件下，西南联大图书馆非但没有被压垮，反而在困境和硝烟中成长壮大，成为一所颇具规模的战时大学图书馆，出色地完成了它的使命。正如严文郁馆长在1941年所说："本馆于此狂风暴雨之中，诞生，洗练，茁壮！"西南联大图书馆创造了中国图书馆史上的一个奇迹。



抗战胜利之后，西南联大于1946年5月宣告结束，北大、清华、南开先后在平津复校。"联合竟，使命彻。神京复，还燕碣。"（《西南联大校歌》）西南联大图书馆所藏的图书，部分留交昆明师范学院，其余装箱北运，在学校图书迁运委员会的筹划下，于1946年4月运往平津。至此，西南联大图书馆结束了为期8年"笳吹弦诵在春城"的历史，在中国图书馆的历史上留下了永远令人难忘的一页。

# 前进与探索

中华人民共和国成立之后，中国图书馆事业的发展进入了一个新的阶段。参照当代学者的研究成果，以公共图书馆为主线，可以将20世纪下半叶以来中国图书馆的发展大致分为五个时期。

## ■ 1949年至1957年为建设时期

1949年中华人民共和国成立后，国民经济得到恢复，工业化进程迅速，人民生活水平提高，图书馆事业也进入恢复和建设的新阶段。

第一个五年计划提出的图书馆建设方针是："提高质量，全面规划，加强领导，又多、又快、又好、又省地发展图书馆事业。"1955年出台了《文化部关于加强与改进公共图书馆工作的指示》，1956年颁发了《中华人民共和国高等学校图书馆试行条例草案》，使全国图书馆事业走上了有计划发展的道路。公共图书馆数量从1952年的83所增加到1957年的400所。

"为工农兵服务"和"向科学进军"是这一时期图书馆界最为响亮的两个口号。图书馆普遍推行"开门办馆""普及为主，普及与提高相结合"的方针，并为科研工作创造条件，建立文献保障。

1957年颁布的《全国图书协调方案》，就是“向科学进军”的产物，在我国图书馆史上具有里程碑式的意义和深远的影响。方案中的有关规定，如在国务院科学规划委员会下设图书小组来统筹规划安排全国图书工作，在北京、上海建立中心图书馆委员会，编制全国图书联合目录等，至今仍有积极意义。可惜的是，方案中的措施大多未能真正贯彻执行。

这一时期的兴办图书馆的思想方针主要来自苏联。列宁的图书馆理论，以及列宁夫人克鲁普斯卡娅有关儿童图书馆的论述，均被奉为圭臬。多名苏联专家来华指导图书馆工作，翻译引进了苏联图书馆专业文献，举办苏联图书展览，中苏图书馆之间进行馆际互借和书刊交换。但苏联的图书馆建设指导思想也存在许多消极影响，如夸大图书馆的意识形态功能，实行“泛政治化”，片面强调图书馆的“阶级性”，突出为政治服务、为工农兵服务等。不加分析地照搬苏联模式和苏联理论，在某种程度上制约了中国图书馆事业和图书馆学研究的发展。



## ■ 1958年至1977年为异化时期

从1957年“反右斗争”和1958年“大跃进”开始，直至“文化大革命”结束，是政治运动连续不断的时期。全国性的政策方针都出现了严重的失误，图书馆也因此受到摧残，办馆方针异化，事业发展停滞乃至倒退。

在这一时期，尤其是“文革”期间，图书馆逐渐沦为阶级斗争的政治工具，大批图书资料被批为“封资修”遭到禁锢，外文书刊收藏被迫中断，大量图书馆工作人员遭到迫害和摧残。

图书馆事业发展出现大反复、大滑坡。以公共图书馆为例，1957年全国公共图书馆大约有400多所，经“大跃进”到1960年突击发展到1,093所，1963年剩下490所，到1970年时只有323所。从1966年至1970年，我国县以上公共图书馆数量增长率均为负数，5个年份分别是：−16.8%，−16.4%，−6.0%，−10.7%，−3.6%。

图书馆业务受到极大冲击。大批藏书被封存甚至销毁。《杜威十进分类法》《美国国会图书馆分类法》《中国图书十进分类法》都被禁用。例如北京大学图书馆持续多年的中文著者目录被视为“宣传个人名利的工具”而被“砍掉”，西文主题目录也被迫中断10年之久。类似的例子在全国数不胜数。

值得注意的是，在“文革”后期，动乱局面稍有好转，广大图书馆工作者在极其困难的情况下开展工作，取得了一些成就。

1971年，北京图书馆（今国家图书馆）牵头，联合全国30多家图书馆，在20世纪50年代编制的《大型图书馆图书分类法》的基础上，开始了《中国图书馆图书分类法》（简称《中图法》）的编制工作。1975年，《中图法》正式颁布。尽管由于当时特定的历史背景，这部分类法受到“左”的错误思想影响，存在很多不足，但仍不失为难得的重要业务成果。

1974年，随着“汉字信息处理系统工程”（即“748工程”）启动，《汉语主题词表》（简称《汉表》）作为“748工程”的配套项目被提出。由中国科技情报所、北京图书馆牵头，负责《汉表》的编辑工作，前后历经4年，于1979年出版了适用本，1980年正式出版第一版。

尤其值得一提的是图书馆自动化研究开始起步，着手进行机读目录（CNMARC）的研制。北京大学刘国钧教授于1970年开始系统研究美国国会图书馆MARC，1975年发表了《“马尔克”计划简介——兼论图书馆引进电子计算机问题》一文，首次较全面地介绍了美国图书馆研发MARC和应用电子计算机的情况。后来刘国钧又编写成《马尔克款式说明书资料汇译》，对推动图书馆编目工作的自动化产生了深远影响。

### ■ 1978年至1991年为复苏时期

1976年，历时十年的“文化大革命”结束；1978年，中共十一届三中全会确立了改革开放的基本国策，标志着中国进入了以改革开放和经济体制改革为主要指导方针的历史新时期。我国的图书馆事业也从停滞中恢复，通过一系列的拨乱反正措施，开始了从传统图书馆向现代化图书馆的转变。

这一时期的图书馆理论研究和业务工作都有了很大进展，在书目著录、文献分类、主题标引等主要业务领域制定了多项国家标准。现代化新技术，尤其是电子计算机技术开始在图书领域应用，开始了图书馆自动化的新阶段。图书馆学教育也在全国范围兴起。

一系列重要的纲领性文件均在这一阶段产生，按照时间顺序主要有：1980年中央书记处通过的《图书馆工作汇报提纲》，1981年教育部颁发的《中华人民共和国高等学校图书馆工作条例》，1982年文化部正式发布的《省（市、自治区）图书馆工作条例》，1987年中宣部、文化部等4个部门联合发布的《关于改进和加强图书馆工作的报告》。其中《图书馆工作汇报提纲》是全国图书馆工作的指导性文件，是2018年《中华人民共和国公共图书馆法》实施之前，我国唯一的国家级图书馆政策，标志着我国图书馆事业正式步入一个新的繁荣发展时期。

图书馆自动化建设飞速发展，建成了一批集成管理系统。其中深圳图书馆联合全国各家图书馆研制的“图书馆自动化集成系统（ILAS）”是国内用户最多、推广面最广、实用性最强的系统。

据统计，从1980年至1990年，县级以上公共图书馆的数量从1,732所增加到2,527所，藏书量从19,904万册增加到29,064万册，馆舍面积从92万平方米增加到326万平方米，购书经费从2,273万元增加到8,474万元。

### ■ 1992年至2005年为异变时期

1992年我国开始确立社会主义市场经济方针，正式步入了市场经济时代。经济建设成为这一时期的“头等大事”。这一时期中国图书馆发展的最大特点有两个：一方面图书馆事业快速发展繁荣，馆舍、设备条件得到极大改善，自动化、数字化建设显露峥嵘；另一方面全国广大图书馆尤其是公共图书馆办馆方针上乱象丛生，理论导向迷失。

该时期的图书馆事业发展迅速，一大批图书馆新馆舍上马。依然以公共图书馆为例，从1990年到2005年，县级以上公共图书馆的数量从2,527所增加到2,762所，藏书量从29,064万册增加到48,056万册，馆舍面积从326万平方米增加到677万平方米，购书经费从8,474万元增加到59,781万元。

从国家层面讲，1996年在北京举办了第62届国际图联（IFLA）大会，推出了“知识工程”、高校图书馆评估、公共图书馆评估定级等一系列举措。1999年，正式启动了中国高等教育文献保障体系（CALIS）。

这一时期信息技术在全球范围高度发展，为图书馆进步和转型提供了技术基础。同时，信息服务业也迅速崛起，信息市场逐步形成。中国图书馆的自动化系统得到进一步开发和升级，网络化建设、数据库建设、国际联机检索、数字图书馆建设都得到飞跃式的发展。多个重大项目相继上马，如国家教委“数字图书馆技术研究”，国家计委、文化部“中国实验性数字图书馆项目”，国家科委“数字图书馆示范系统”等。

与此同时，由于市场大潮冲击，某些政策出现错误导向，以及图书馆界内部精神缺位、办馆方针异变，也导致许多乱象。乱象的突出表现有二，一是“有偿服务”，二是“区别服务”，致使图书馆办馆方针出现偏差。“有偿服务”就是服务收费，也称为“以文养文”“经营创收”“图书馆产业化”等，此举抹煞了图书馆的根本特质—— 公益性。“区别服务”的本意是因材施教，有针对性地对不同读者服务，但在执行中往往成了“确保重点”和变相收费的借口，排斥广大普通读者，侵害了民众平等地享用图书馆的权利。



图书馆的这些做法是有国家政策为依据的。1987年2月，文化部、财政部、国家工商管理局联合发出《文化事业单位开展有偿服务经营活动的暂行办法》，肯定了开展有偿服务“以文补文”方式在“补充文化事业单位的经费不足”方面的积极作用，提出文化事业单位除了开展有偿服务外，还可以开展其他经营活动。同年10月，中宣部、文化部、国家教委、中国科学院《关于改进和加强图书馆工作的报告》也指出：“在国家政策、法令规定的范围内，结合图书馆自身的条件，本着更好地为社会服务的原则，开展一些必要的、合理的有偿服务，对于搞活图书馆工作，补充图书馆事业经费不足，发挥图书馆工作者的积极性是完全必要的。”这两份文件为公共图书馆普遍开始大规模“创收”、开展有偿服务提供了政策依据。

有偿服务的泛滥造成了很恶劣的后果。很多图书馆借此向读者巧立名目乱收费，花样繁多，许多本属图书馆基本服务的内容都列入收费范畴，造成几乎没有不花钱服务的混乱局面。更多的图书馆把出租场地当作主要创收手段，挤占读者的服务空间。

这种短期求利的行为，不仅在经济效益上得不偿失，而且大大损害了图书馆的公益形象，直接影响了社会信任和政府投资，使图书馆日益边缘化。

## ■ 2006年之后为理性复归时期

中国图书馆事业大繁荣大发展的局面自2000年前后已经开始，2005—2006年达到高潮。深图中心区新馆就是2006年建成并开放的，是全国图书馆繁荣、发展和转型的重要标志之一。据统计，至2012年，全国公共图书馆数量已达3,076所，建筑面积1,058.42万平方米，文献总藏量78,852万册（件），财政拨款934,890万元，购书经费141,253万元。这样的发展规模不仅是多年前难以想象的，也超过了许多发达国家。

图书馆立法工作列入日程。早在1996年，深圳就完成了地方性法规《深圳经济特区公共图书馆管理条例》，同年上海制定了地方行政规章《上海市公共图书馆管理办法》。2001年，文化部组织启动了《中华人民共和国图书馆法》。2005年，确定先启动《公共图书馆法》。经过长期调研和论证，《中华人民共和国公共图书馆法》于2018年1月正式实施。

进入21世纪以来，中国图书馆界取得的最大成就，或曰发生的最大变化，主要有两个：一是以IT技术为代表的新技术大量进入图书馆领域，给中国图书馆业务和服务带来了全新的变化；二是中国图书馆思想上拨乱反正，在推动和发扬图书馆精神尤其是公共图书馆精神上迈出全新的一步。这两项成就标志着中国图书馆进入了现代化的新阶段。

这一时期的图书馆自动化、数字化水平得到全面提高。“中国数字图书馆工程”“全国文化信息资源共享工程”相继上马，并取得显著成效。基于网络系统的深圳图书馆ILAS新系统行销国内外4,000多家图书馆，其他各具特色的系统也大量涌现。与此同时，一些大型图书馆还引进了国外系统，如以色列ExLibris公司的Aleph500，美国SIRSI公司的UNICOM，美国Epixtech公司的HORIZON等。

许多新技术手段得到应用，主要有web2.0、移动图书馆、云服务、无线射频识别（RFID）等。一些综合性创新产品出现，如深圳图书馆研制的“城市街区自助图书馆”就是综合应用了RFID、移动通信、网络服务、机械传动等技术的成果。

更为重要的是，在图书馆界诸多有识之士的发起下，从学术理论到图书馆实践，都进行了拨乱反正，实现了图书馆办馆思想方针的理性复归，并逐步与国际化进行接轨。这一时期的标志性起点，是2006年杭州图书馆、深圳图书馆新馆相继开馆，宣布实行全面免费服务，深圳图书馆还旗帜鲜明地打出了“开放、平等、免费”的口号。

思想理论导向的主要社会成果体现为两个文件的面世：一是

2008年发布的《图书馆服务宣言》，二是2011年文化部、财政部颁发的《关于推进全国美术馆、公共图书馆、文化馆（站）免费开放工作的意见》。

2008年10月，中国图书馆学会正式发布了《图书馆服务宣言》。这是中国图书馆人历史上第一次向世人表达了现代图书馆的理念，在业界内外引起很大反响。这一文件虽然名为“服务宣言”，但其思想内涵远远超越了图书馆服务工作的范畴，宣示了公共与公益、平等与自由、共享与合作、人文关怀等图书馆核心价值观和职业精神，也体现了图书馆界对根本性指导思想和办馆方针的认同和共识。

2011年2月，文化部、财政部下发了《关于推进全国美术馆、公共图书馆、文化馆（站）免费开放工作的意见》。文件明确提出了图书馆保障公益、免费开放的要求，从此全国图书馆，尤其是公共图书馆进入了全面免费的时代。恰如业界研究者指出的，少数城市图书馆率先提出的“开放、平等、免费”的办馆方针，由学界大力倡导和部分先进图书馆的勠力践行，到最后正式成为国家的政策，是21世纪中国图书馆界的最大成就。而其中的先行者就是深圳图书馆。

在公共图书馆理性回归的基础上，各地开始尝试构建公共图书馆服务体系。所谓公共图书馆服务体系，主要指一个地区的公共图书馆以普遍均等服务、实现信息公平为目标，以合作的方式提供图书馆服务，主要方式有：1. 建立各层级的公共图书馆，包括乡镇/街道、社区/乡村的图书馆；2. 建立图书馆总分馆体系；3. 建设区域性服务网络。深圳市“图书馆之城”、苏州市总分馆体系、嘉兴市服务模式都是成功的探索结果。

在国内各大图书馆忙于庆贺建馆一百周年、百廿周年的时候，**深图三十余年的历史**显得格外短暂，然而却**不乏辉煌**。

# 五

# 生　逢　其　时

——深圳图书馆的创建与发展

# “三十功名”

1983年10月1日，深圳的图书馆工作会议在报刊阅览室召开。地址：解放路永新街市文化局大楼(后为该局直属的文化企业机构博雅画廊)三楼

深圳图书馆创建于1986年，迄今只有30余年，不过是“三十功名尘与土”。其历史并不复杂，大致编年如下：

1979年前，在深圳特区建立之前设有宝安县图书馆；

1982年，深圳市政府决定兴建“八大文化设施”，包括图书馆、博物馆、深圳特区报、电视台、体育馆、大剧院、科技馆、新闻文化中心；

1986年6月，红荔路馆舍竣工；

1986年12月20日，举行“深圳图书馆开馆典礼”，次日（12月21日）正式对外开放；

1988年1月，受文化部委

1982年10月1日，红荔路老馆馆舍破土动工

1986年11月25日，作为20世纪80年代深圳八大文化设施之一——深圳图书馆红荔路馆舍全面竣工

托，开始研制图书馆自动化集成系统（ILAS）；

1988年3月，确定深图为正处级事业单位；

1991年，ILAS在全国推广使用；

1997年7月，《深圳特区公共图书馆条例（试行）》在市人大通过；

1998年12月，“深圳文化中心（音乐厅、中心图书馆）”开工奠基仪式举行，中心区图书馆建设启动；

2000年11月，首届“深圳读书月”启动；

2000年12月，“地方版联合采编协作网”（CRLNet）正式开通；

2002年12月，“深圳图书馆新馆计算机网络设备方案”论证会举办，“无线射频识别（RFID）”项目启动；

2004年4月，“深圳市图书馆之城推进办公室”成立，“图书馆之城”建设启动；

2006年7月，“深圳图书馆新馆落成暨开馆典礼”举行；

2006年12月，深图新馆（中心图书馆）正式落成开馆；

2007年12月，“城市街区24小时自助图书馆”项目启动；

2008年12月，“城市街区24小时自助图书馆”举行揭牌仪式；

2009年6月，“深圳文献港”开通；

2009年7月，“图书馆之城”统一技术平台实施；

2009年11月，“公共图书馆研究院”成立；

2013年3月，“深圳图书馆调剂书库”正式立项。

此外还要“插播”一段。1998年5月，我从文化部图书馆司调入深图，从北京来到特区安家。自此，我加入了“深图人”的行列，与同仁们一起挥洒年华，书写特区的历史。

# 后起之秀

在国内各大图书馆忙于庆贺建馆一百周年、百廿周年的时候，深图三十余年的历史显得格外短暂，然而却不乏辉煌。其中曾对深圳全市和全国产生过重要影响、值得记叙的历史节点，主要有以下几个（按照时间顺序）：

1987年12月13日，读者排长队办借书证



## ■ 红荔路图书馆开馆

1986年红荔路图书馆开馆，标志着深图正式问世。

开馆之初，读者热情高涨，踊跃到馆，图书馆人头攒动，反映了深圳市民的读书热情和对高水平公共图书馆的渴望。

深图当时创造了两个“全国之最”：率先实行开架借阅模式和

1991年5月，读者冒雨排长队办证

身份证领卡处
证和工作证领卡,收费25元

1988年，红荔路老馆报刊阅览室

免证进馆，首家使用计算机管理图书流通。这使深图出世不凡，精彩亮相，成为一个高起点的图书馆。



## ■ 研制推广“图书馆自动化集成系统”（ILAS）

ILAS是受文化部委托、由深图牵头、集中全国图书馆优秀人才开发的图书馆自动化系统，1988年启动，1991年投入使用。从此ILAS的研制开发和应用推广成为深图事

1993年5月23日—26日，文化部举办的“图书馆自动化集成系统推广会”召开

业发展的一条主线。

ILAS改写了国内图书馆依赖外国软件的历史，极大地推动了全国图书馆自动化、数字化建设的进程。在20世纪90年代高峰时期，ILAS用户达到4,000多家，创造了图书馆自动化系统用户数量的世界之最。

ILAS问世以来，共获得国家级和省部级奖项10项，是文化科技产品获奖的全国之最。

## ■ 颁布《深圳特区公共图书馆条例（试行）》

1997年7月，《深圳特区公共图书馆条例（试行）》在市人大通过，全国首创以立法形式对公共图书馆进行规范和管理。

在其后的数年里，全国各地陆续出台了公共图书馆立法条文和相关的政府规章，成为地方公共图书馆管理的标准方式。

2017年《中华人民共和国公共图书馆法》颁布，2018年1月1日起实施。此事被称为中国公共图书馆发展史上的里程碑。



## ■ 建设“图书馆之城”

2003年，深圳市提出“文化立市”的发展战略，建设“两城一都一基地”，其中“图书馆之城”是其重要内容。深图就是“图书馆之城”的中心馆和龙头馆。

“图书馆之城”对全国图书馆和公益文化事业产生了很大影响，被称为“深圳模式”。

2018年4月止，深圳正式列入“图书馆之城”的公共图书馆数量已经发展到638家，在全国居于前列，与世界发达国家城市的公共图书馆事业相比亦不逊色。

## ■ 中心区新馆开馆

2006年7月，中心区新馆开放，标志着深图迈向了一个新的起点。

新馆建成后，馆舍、设备等硬件条件均已达到国内一流、国际先进的水平，一时成为最受市民欢迎的文化场所，也是全国图书馆建设的楷模和范例。

藉此世人瞩目之机，深图不失时机地推出一系列新服务和新技术，以崭新的面貌展现在世人面前。

## ■ 首倡“开放、平等、免费”的服务理念

“开放、平等、免费”的具体含义是：对一切人开放，一切文献都开放，平等对待所有来馆读者，所有属于图书馆范畴的服务全部免费。

“开放、平等、免费”实质上是公共图书馆的核心理念和基本精神，但多年来被业界所忽略或漠视。深图倡导这一口号，意在打造“真正的公共图书馆”，重塑现代化图书馆的新形象。

深图的做法在全国引起重大反响，随之在图书馆界和文化界掀起了开放、免证和免费的热潮。

## ■ 率先使用无线射频识别（RFID）技术

深图是全国首家全面使用RFID技术的大型综合性图书馆。

深圳图书馆首倡“开放、平等、免费”的服务理念

从2002年起，深图即跟踪调研这项技术，探讨其在图书馆大规模应用的可能性。2006年新馆开馆时全面使用，大受读者欢迎，其自助式、体验式的方式成为深图新馆的服务亮点和现代化魅力所在。

现在RFID技术已经在全国图书馆得到普遍应用，其应用历史皆从深图开始。

■ 首创“城市街区24小时自助图书馆”

RFID技术在图书馆的创造性应用还产生了一个影响更为深远的成果：城市街区24小时自助图书馆。

周末开馆瞬间，等候多时的读者飞奔而入

2008年4月23日，“城市街区24小时自助图书馆系统”举行揭牌仪式



2006年10月，深图首次提出创新性的自助服务模式，即自助图书馆。2007年自助图书馆被列入深圳市和文化部项目。2008年4月，首台自助图书馆服务机研制成功。截至2018年年底，自助图书馆服务机已经扩增至296台，遍布深圳市的所有街区。

“城市街区24小时自助图书馆”的成功，实际上是深图公共图书馆服务理念和先进技术相结合的集中体现。

随着深图自助图书馆模式的成功，在全国，图书馆掀起了自助图书馆、自助服务和24小时不间断服务的热潮，各种类型的自助图书馆遍地开花，成为各大城市街区的一道靓丽风景线。

## ■ 推进全市文献资源保障体系建设

深图长年积极推行文献资源的建设，建立文献信息保障体系。在中心区新馆建成前后，馆舍和经费条件得到极大改善，深图不失时机地把文献资源建设推向更高的层次。

2007年，深圳市政府制定并实施“深圳市民生净福利指标体系”，全市公共图书馆要达到藏书总量1,800万册，常住人口人均图书2册，户籍人口拥有人均6册。同时实行文献配置分级保障制度。

截至2018年，深图馆藏总量已达1,018.72万册（件）。除了完成市级中心图书馆的文献建设任务外，还积极建设特色资源和数字资源，形成了数量丰富、特色突出的文献资源体系。

为解决公共图书馆藏书空间不足的难题，深图积极推进“深圳市图书馆调剂书库”项目。该项目2013年已经批复立项，预计2020年投入使用。

以上是按照编年和重大事件的时间顺序对深图历史所做的纵向回顾及简要列举。下面各章则是横向的解读，从公共图书馆的理念及其实践、引领现代技术潮流、文献资源保障体系、数字资源与数字阅读、全民阅读与图书馆之城建设等多个不同的角度，做进一步的诠释与分析。

在21世纪的中国，图书馆界尤其是公共图书馆在理论观念上的回归、**重建与创新**，**给全国图书馆带来了重大的推动和促进**，促成了21世纪中国图书馆取得的巨大成就。而在这一嬗变的过程中，**深图为天下先**，**充当了当先锋**、打头阵的角色。

六

# 大道之行

——公共图书馆的理念及其实践

# 鸿儒与白丁

2006年深图中心区新馆舍建成开放之时，一位书法家朋友热情写下一条幅相赠：谈笑有鸿儒，往来无白丁。文辞优雅，书法俊逸，堪称上品。

但是我却笑对这位书法家朋友解释：这一条幅不能在图书馆悬挂，因为图书馆不仅要为“鸿儒”服务，更要对“白丁”开放，某种意义上还要向“白丁”们倾斜。

新馆舍开放时我们的宣传语是“天下之公器”和“开放、平等、免费”。这两个宣传口号被制成条幅悬挂在图书馆大堂，对市民和媒体也围绕这两个主题进行宣讲，在业界和社会上引起很好的反响。



我曾在各种场合多次表述这样的论点：21世纪中国图书馆界取得的最大成就，一是以IT技术为代表的新技术广泛应用，给中国图书馆业务和服务带来了全新的变化；二是中国图书馆界在思想理论上拨乱反正，全面推动了图书馆事业的嬗变和发展。深圳图书馆和当代中国图书馆事业的历史发展证实了这一点。

“天下之公器”和“开放、平等、免费”形象地道出公共图书馆

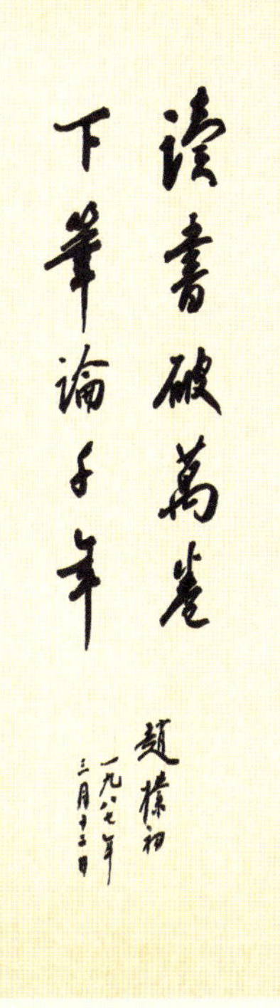


1987年3月12日，赵朴初题词“读书破万卷，下笔论千年”

的基本理念、核心价值和社会功用。自英国曼彻斯特图书馆成立之日，亦即世界公共图书馆诞生之时，这一理念就被明确确立，后来在世界范围不断发扬光大，成为普世价值，得到世界公认。

这种图书馆基本理念或核心价值观可以归纳为公益、自由、平等，包括了信息与知识自由、全面开放方针、免费服务原则、职业道德精神等。这些理念是具有世界性的，与国际趋势接轨的，不受意识形态、政治制度和国家政权等因素的影响，具有普世的价值，得到《公共图书馆宣言》等国际通行的权威文件的肯定和提倡。

国际通行的图书馆价值观被中国图书馆界所接受有着一个漫长的过程。从历史发展的角度看，20世纪下半叶之后，尤其是进入21世纪之后，中国图书馆价值观的建立可以归结为四个转变：1. 从阶级斗争工具向普遍均等服务的转变；2. 从有偿服务向公益服务的转变；3. 从封闭服务向开放服务的转变；4. 从以书为本向以人为本的转变。这些转变在中国图书馆界是在21世纪初年才得到确认并践行的。

在21世纪的中国，图书馆界尤其是公共图书馆在理论观念上的回归、重建与创新，给全国图书馆带来了重大的推动和促进，促成了21世纪中国图书馆取得的巨大成就。而在这一嬗变的过程中，深图为天下先，充当了先锋、打头阵的角色。

# 天下之公器

正是基于图书馆的这一基本理念，我们可以将图书馆，尤其是公共图书馆，称为“天下之公器”。

公器的基本含义是“天下共用”，其典出自《庄子·天运》：“名，公器也。”西晋郭象《庄子注》曰：“夫名者，天下之所共用。”后人因之将名位、爵禄、法律、学术等称为“天下之公器”，如《旧唐书·张九龄传》：“官爵者，天下之公器”；《资治通鉴》卷一四：“法者天下之公器，惟善持法者，亲疏如一”；梁启超《欧游心踪录》：“学术者，天下之公器也”。公器一词遂成为全社会共有、共用名物之概称。图书馆即为典型之天下公器或社会公器。

小读者

图书馆作为天下公器，其核心就是人文关怀的精神。具体说来，就是开放，平等，免费，政府创建，公费支持。这是曼彻斯特公共图书馆的首倡，也是《公共图书馆宣言》的基本原则。一个图

踊跃的听众

书馆如果具备了这些特征，就可以称为现代意义上的图书馆；反之，则不是现代图书馆，或者说不是合格的现代图书馆。一个合格的现代图书馆，尤其是公共图书馆，必须充分体现现代社会中的人文关怀、人本主义、以人为核心等民主社会价值观。

正是基于这种认识，我们可以说：从社会的角度看，图书馆不仅是一种社会机构，还是一种社会制度。图书馆尤其是公共图书馆的存在，使每一社会成员具备了自由、平等、免费地获取和利用知识信息的权利，代表了知识信息的公平分配，从而维护了社会的民主和公正。图书馆存在的意义超过了图书馆机构的本身，有着无可替代的历史使命和社会责任，向全社会宣示了现代民主、公民权利和人人平等这些重要的价值观念。

然而，这种图书馆的核心价值和基本精神，在我国图书馆却曾长期缺位乃至丧失的。如前所述，现代意义上的图书馆，尤其是公共图书馆，是西方思想文化传入的产物。在我国新型图书馆创建之初，限于当时的历史条件，前辈们更多地注重图书馆的社会教育职能，引进的多是有关图书馆的方法和技术，而在一定程度上忽视了图书馆的基本精神和社会意义。1949年后，在以“阶级斗争为纲”的政治环境中，这些来自西方的观念自然成为禁区。新时期改革开放为我国图书馆的发展带来了空前的机遇，但与此同时又受到市场经济大潮的无情冲击，致使“经营创收”“以文养文”“图书馆产业化”等种种弊端一时占据主流。因此，我国图书馆先天不足、后天压抑、畸形发展、精神缺位，曾是长期存在的事实。

正是精神缺位，致使种种弊端层出不穷。在一些公共事件中，公众舆论几乎一边倒地攻击和反对图书馆。其实也不奇怪，多年来图书馆欠账太多，积怨太深，“天下苦秦久矣”，于是这些挑头发难的人就成了陈胜吴广，这些具体事件就成了骆驼身上的最后一根稻草，激起众怒是很自然的。

在众多的弊端中，最遭诟病的是服务收费和拒绝平等提供服务这两个问题。

收费在图书馆并不是绝对禁止的，国外发达国家的图书馆也有收费服务项目，作为额外占有公共资源的一种调节。但是将服务收费与图书馆“创收”挂钩，与图书馆职工的奖金、福利甚至工资相联系，则是鲜明的“中国特色”。在这样的环境下，许多馆员要靠“创收”养活自己，许多馆长要靠“造血”养活职工乃至支撑整个图书馆的运作，这绝对是不正常的。这样的图书馆，不仅失去了作为公共图书馆的精神与灵魂，也失去了社会存在、获取社会支持的基本依据。

如果说某些图书馆在服务收费上还有些羞羞答答的话，那么拒绝平等提供服务就有着许多冠冕堂皇的借口：控制借阅是为了“保护文献遗产”，拒绝“三无人员”进馆是为了“维护社会治安”，高等级图书馆不接待普通读者是因为图书馆的“服务层次”不同，区别服务是为保障有一定级别的所谓“重点读者”，而为领导服务则是“为了全体人民的根本利益”。这些说法看起来堂而皇之，实际上没有一条是站得住脚的，因为它们违背了公共图书馆作为公共服务机构的根本原则。

顺便说到，图书馆读者的“身份”问题是有世界性背景的，美

市民办理借书证

国的图书馆在20世纪60年代前还存在种族隔离条款，是马丁·路德·金领导的民权运动，才促使美国图书馆协会（ALA）在《图书馆权利宣言》中增加了不论读者的种族、宗教或个人信仰均应得到公平服务的条款。

当代中国图书馆界的弊端和社会反响，可以从曾在全国引起广泛社会影响的“国图事件”（2004年）、“苏图事件”（2005年）充分反映出来。

“国图事件”最为引人注目，不仅因为事件发生在国家图书馆，而且颇具代表性。

2004年10月14日，暨南大学出版社副总编辑周继武在《南方周末》上发表了《国家图书馆借书记》，文中记载了他在国图的两次借书经过。2004年3月，周第一次前往国图借书，对国图收取阅览证工本费、典藏书复印费等感到不满。2004年5月，周再次前往国图查阅文献，先后因读者卡、索书单问题与管理员争执，“楼上楼下跑了三趟，折腾一个多小时”，被告知没有书，其实他上次在国图看过此书。周找到典藏部主任也无济于事。后经一位前任副馆长帮忙，才被告知书已找到。但此时距离阅览室关门只剩下很短的时间，周于是放弃再进阅览室。经过3个多小时的折腾，周最终连书皮都未能摸到。

周文认为，国图将国家藏书变成“奇货可居的垄断资源”，将图书馆借阅变成“租书”“抵押”，限制或剥夺了许多低收入者、低职位者、低职称者、低学历者、无职业者和外地人的阅览权或外借权。这样做是“对公共图书馆理念的践踏和对中国图书馆事业的误导”。

此文一经刊发，加上网络媒体的迅速传播，立即在社会各界引起强烈反响，舆论几乎是一边倒地对周的遭遇表示同情，对国图的做法表示愤慨，并支持其观点。与此同时，此事还引发了图书馆界内部的一场大讨论。

经过反省和检讨，国图对外宣布了相应的整改措施，包括降低借阅的门槛和限制，取消部分不合理收费，减低部分收费金额等，舆论才随之平息下来。

“国图事件”暴露了中国图书馆普遍存在的一系列严重问题：

第一，侵犯公民平等地利用图书馆的权力。图书馆非但没有提供应有的信息资源服务，还人为地设立了很多障碍，将读者分为三六九等，随意拒绝服务，将把持国家资源作为一种特权。

第二，乱收费。周继武在借阅过程中遭遇的收费就有：办理中文借书证收费20元加押金100元，后由于检查读者卡又补交100元，办理外文借书证要收费20元并加押金1,000元，复印每页5元（当时市场价为每页0.2元），阅览室每次阅览收费20元，存包费每次0.5元，等等。周继武所遭遇到的实际上只是当时国图庞大收费项目中的一小部分，其他图书馆更有着五花八门的收费名目。

第三，图书馆从业者的职业道德和职业精神匮乏。工作人员的傲慢、冷漠，缺乏耐心、责任心，是本次事件的直接导火索。

第四，也是最主要的，政府部门没有尽到应有的责任。政府有关错误政策的误导使图书馆乱收费现象成为普遍行为。仍以国图为例，政府拨款只占国图总经费的60%，其余都要靠“创收”解决。这也是各地图书馆乱收费现象严重的根本原因。



“苏图事件”发生在2005年。这年3月，北京大学教授漆永祥在“学术批评网”上发文披露他向苏州图书馆古籍部提出复制或抄录古籍的要求遭到拒绝的经过，并对苏图的古籍服务提出尖锐批评。而后又在《中华读书报》发文再度抨击苏图及图书馆界的做法。

据漆文介绍，从2004年9月到2005年春节，漆曾多次要求复制或抄录苏图收藏的一部孤本古籍，强调愿意支付一切费用。而苏图善本部负责人的答复是：苏图对善本尤其是孤本，严格规定不许拍照、复制和全部抄录，只能由苏图整理发表。为此，漆文对苏图提

书山

出了质问和批评，并呼吁社会关注读者利用古籍的权利问题。

漆永祥的文章引起媒体和公众的强烈反响，也引发网民的莫大关注，主流舆论均站在图书馆的对立面。还有人借用钱钟书的讽喻，说图书馆是“守书奴”，就像太监，守着三千佳丽，自己没有能力用，也不让别人染指。

公正地讲，漆教授要求享受公平利用图书馆的权利本没有错，但苏图保护古籍的做法也无可厚非，毕竟古籍善本有其特殊性。但这件事反映出社会公众权利观念的觉醒和维权意识的加强，由“臣民心态”转变为“公民意识”，这是一个了不起的进步，是社会步入公民社会的表现，也是促进图书馆沿着正确道路健康发展的基本社会环境。

# 开放、平等、免费

深图作为中国的公共图书馆，也无例外地经历了这一历史发展过程。种种弊端和乱象，深图都曾经不同程度地存在，有的情况还十分严重。

深图自建馆以来一直将开放作为旗帜，多年来是走在全国前列的。但当时所标榜的所谓开放，主要是指开架服务，如全部文献均实现了开架，不设闭架书库，这些做法在那个年代是开风气之先的。然而当时办理借书证只限于户籍人口，在深圳居于大多数的非户籍外来建设者是不在此列的。有些阅览室（如港澳台阅览室）要限定一定级别的读者。显然，这些做法与我们今天所说的开放、平等还有着很大的差距。

为了纠偏，我们适时地采取了一系列的措施，主要有免证进馆、不分户籍敞开办理借书证、向所有人开放所有阅览室等。为了让市民了解我们的方针，我本人就曾多次对媒体宣称：深图向所有读者敞开大门，免费提供服务。无论你的身份、地位如何，有没有工作、户口、住房，衣着是否鲜亮，囊中是否羞涩，既然来到图书馆，就是渴求知识，拥抱文明，都会受到一视同仁的热情接待。

但要全面贯彻这一方针还是遇有不少阻力的。如，深圳当时严格执行非户籍人口办理暂住证和边防证的制度，否则一律按照“三无人员”收容并遣送回原籍，图书馆免证进馆的做法明显与这一规定不符，因而受到了有关部门的非难。再如，全面免证开放也使得不少小偷、流氓及精神病患者也到图书馆里来，难免有为非作歹、扰乱治安的，加大了安保管理的难度。但无论如何，我们还是克服困难坚持了下来，殊属不易。

最为困难的还是纠正“有偿服务”的弊端。由于多年实行“以文养文”政策导向，形成了“十亿人民九亿商”的局面，机关和事业单位“创收”成为一时风气。在当时的深图，服务收费也是“创收”的重要内容。各服务部门收费多少是有按比例提成的，多挣多得，于是部门主任们都各显神通赚钱，为职工发奖金成了他们的头等大事。这件事直

阅读推广论坛



接牵涉职工利益，且积重难返，改正谈何容易，任你有天大的“理念”，现实中也寸步难行。

但我们没有采取怨天尤人、无所作为、听之任之的消极态度，而是抓住时机、适度推行、逐步改进。首先对有偿服务项目进行了整顿，杜绝未经批准的乱收费行为，由于创收不足造成奖金减少的部门由馆里补贴。2005年初，全市事业单位实行奖金改革，由市财政发放统一标准的岗位津贴。藉此良机，我们基本取消了所有的有偿服务项目。部分需要保留的收费项目，严格实行“收支两条线”，全部上缴财政，不再和职工的奖金福利挂钩。对此，有人惋惜“损失”，但我们认为，这样做才算是走上正轨。

2006年7月，深图新馆落成开放。我们充分利用这一大好时机，努力将多年来我们对公共图书馆的理解和探索融入新图书馆之中，全力打造一个“真正的公共图书馆”。宣传上我们提出了“开放、平等、免费”的口号，这是借用160多年前英国曼彻斯特公共图书馆的传统提法，本属陈年旧事，但却在21世纪的深图新馆中焕发出新的活力，乃至有许多人认定是我们的“创新”。一时间，“开放、平等、免费”成为业界内外热议的焦点。

其中公众最为关心的热点还是免费服务，为此我们还有一个更为生动形象的提法：到深图不用带钱包。一时媒体争相报导，市民街谈巷议，公关工作很是成功。我们不是在“忽悠”群众，而是实实在在地实行了彻底、全面、真正的免费服务，就连一般准许收费的如读者证工本费、读者年审费、上网费等也都免掉了。读者涉及的费用实际上只有两项，一是象征性的外借押金，中文文献外借5册押金100元，外文200元，因为我们所处的社会还没有建立起完善的诚信制度；一是逾期滞纳金及书刊损坏赔偿金，因为我们还要维护全体读者利益，为国家财产负责任。

深图的办馆理念和实践在全社会产生了积极而深远的影响。无论是有关领导、业界专家，还是媒体、市民，都对此给予了积极的评价，甚至一时蔚成社会风气。此后不久，深圳的各大文化场所都陆续免费对公众开放，全国有多家省市级公共图书馆也相继宣布实行免费服务或减少服务收费，就是那些不肯转向的也不敢那么理直气壮无所顾忌了。这些都与深图的率先作用有关，应该说是我们开的好头儿，在社会公益服务上捅破了窗户纸，撕开了遮羞布。

这里还要澄清一个美好的误会。我们一直认定深图是全国首家提出全面免费的公共图书馆，多年来也是这样对外宣传的。但后来经业界人士指出，杭州图书馆新馆也是2006年开馆的，比深图早开放了2个月，开放时也宣布全部服务免费，只不过没有多做理论阐述和宣传。这说明当时公共图书馆免费开放已经是大势所趋，水到渠成，业界的认识也趋于一致，“德不孤，必有邻”。

近年来，图书馆界已取得广泛共识，政府也出台了多项措施和政策，将公共图书馆定性为公益文化单位，将图书馆的基本服务公益化、普遍化、均等化。通过业界的努力，将公共图书馆的精神、理念变为国家的政策方针，使全国图书馆朝着正确的方向发展，是21世纪中国图书馆事业发展的最大成就，也是深图引以为傲的贡献。

深图多年来将『**技术立馆**』作为重要方针，并一直保持在**现代技术应用上的优势**。

# 有器之用

## ——引领现代技术潮流

# 技术立馆

深图多年来将“技术立馆”作为重要方针，并一直保持在现代技术应用上的优势。

说到技术立馆的方针，并不是什么人先知先觉、高瞻远瞩提出来的，而是由于历史的缺憾造成的，或者说是一种不得已的选择。

深图1986年建馆，至今只有30多年的历史，属于新建馆、后起馆、后来者。与国内许多业已建馆100多年的大馆、老馆相比，失去了许多历史机遇，显得先天不足。譬如，没有可称为“镇馆之宝”的珍稀馆藏，没有多少独特的资源，也缺少深厚的业务传统。后来者如何居上，怎样才能跻身大馆、强馆的行列，就成了摆在我们面前的重要课题。我们要把历史的缺憾变成历史的机遇，变弱势为强势，不能甘为二三流的图书馆。这样，深图就走上了技术立馆、技术强馆之路，亦即现代化图书馆之路。

历史有缺憾，也有绝好的机遇。1988年，时值全国图书馆自动化、数字化起步的关键时期。其时深图刚刚建馆不久，文化部图书馆司决定把研制“图书馆自动化集成系统”（ILAS）的任务交付深圳图书馆，并从全国图书馆动员了数十名尖子人才，成立课题组，集中到深圳进行研制开发。这样的规模和手笔，在中外图书馆都是一

电子阅览室

CHAPTER I. Down the Rabbit-Hole
Alice was beginning to get very tired of sitting by her sister on the bank, and of having nothing to do: once or twice she had peeped into the book her sister was reading, but it had no pictures or conversations in it, 'and what is the use of a book,' thought Alice 'without pictures or conversation?'
So she was considering in her own mind (as well as she could, for the hot day made her feel very sleepy and stupid), whether the pleasure of making a daisy-chain would be worth the trouble of getting up and picking the daisies, when suddenly a White Rabbit with pink eyes ran close by her.
There was nothing so VERY remarkable in that; nor did Alice think it so VERY much out of the way to hear the Rabbit say to itself, 'Oh dear! Oh dear! I shall be late!' (when she thought it over afterwards, it occurred to her that she ought to have wondered at this, but at the time it all seemed quite natural); but when the Rabbit actually TOOK A WATCH OUT OF ITS WAISTCOAT-POCKET,
ebook

电子书阅读

场空前的壮举。随着ILAS研制成功并推向全国，这些来自全国各地的课题组成员很多都留在了深图，由此形成了深图的人才优势和技术优势。

这一优势一直延续至今，使深图形成了技术立馆、技术强馆的传统，也成为深图事业发展的主线。以IT技术为代表的新技术进入图书馆并得以广泛应用，给近年来中国图书馆业务和服务带来了全新的变化，是现代图书馆的标志之一。深图有幸，先行一步，占据了先机。

在“城市街区24小时自助图书馆”研制初期的2008年，我曾写过一篇文章，题目是《大道之行，有器之用》，借用的是《易经》和《道德经》里面的两句话，力图阐明公共图书馆的人文精神是为“道”，现代科技是为“器”，研制自助图书馆是“道行器用”的结果。这一论点实际上是深图技术立馆一以贯之的重要方针。从根本上说，新技术的使用不是为技术而技术、为创新而创新的，不是要“显摆”“嘚瑟”什么，而是在尽公共图书馆应尽的社会职责，做公共图书馆分内应该做的基本服务，进而彰显公共图书馆人文价值观。公共图书馆的理念和新技术应用，两者是高度统一的，而不是各不相关的两码事。

图书馆现代化技术是个说不完道不尽的话题。为简单明了起见，本章扼要介绍几个带有历史标志性的重大技术项目，以此窥见深图技术立馆的历史道路：图书馆自动化集成系统（ILAS）、联合采编协作网（CRLNet）、无限射频识别（RFID）、“城市街区24小时自助图书馆（SSL）”。

# 图书馆自动化集成系统（ILAS）

深圳图书馆研制的文献智能管理系统，被广泛用于读者服务与文献管理

图书馆自动化集成系统，即Integrated Library Automation System，简称ILAS。ILAS是1988年文化部下达的重点科研项目，由深图负责开发研制。二十年多来，ILAS从1.0到5.0，又相继发展了ILAS-II、d-ILAS（ILAS-III），以及公共版、大学版、企业版、小型版、Big5版、Unicode版，以及相关的LACC（集中采编）、UACN（联合采编），已经成为适合各种需要的图书馆自动化系列产品。许多当年开发、研制和推广ILAS的老员工都记得当年筚路蓝缕、艰苦奋斗的难忘往事，这是深图历史上浓墨重彩的一页。

ILAS是中国图书馆自动化的里程碑。可以说，没有ILAS，就没有中国图书馆自动化、数字化的今天。正是ILAS，给国内成百上千的图书馆带来了自动化、数字化的观念和技术，使他们由此走上了现代化图书馆的道路。

这里仅举一个非技术的例子。最初ILAS的售价只有人民币5,000

元左右，而同时期美国研制的图书馆自动化系统INNOPAC的价格是50万美元，每年还要2万美元的维护费。这个价格是当时（20世纪八九十年代）国内任何一家图书馆都无法承受的，只是到21世纪之后，才陆续有经济发达地区的公共图书馆和部分著名大学图书馆具备了这样的经济能力。仅仅在这个意义上，ILAS将中国图书馆自动化事业推进了至少10年。

ILAS是国产图书馆自动化软件的骄傲，创建了多个“最”和“第一”。它是国内首个独立开发、具有自主知识产权的图书馆自动化系统。ILAS的用户曾达到4,000家左右，这个数字也是世界之最，超过国内外同类的图书馆自动化系统。ILAS问世以来，共获得国家级和省部级的大奖计10项，这在全国图书馆界乃至整个文化系统也位居第一，其中包括国家科学技术进步三等奖、国家科学技术进步（推广类）三等奖、联合国TIPS系统颁发的科技之星奖等含金量很高的重要奖项，因此有人戏称ILAS是“获奖专业户”。



### ILAS系列产品获得的奖项

| 年份 | 获奖名称 |
|---|---|
| 1992年8月 | 1992年度广东省文化厅科技进步奖一等奖 |
| 1992年11月 | 文化部科学技术进步奖一等奖 |
| 1993年5月 | 深圳市1992年度科学技术进步奖一等奖 |
| 1993年12月 | 国家科学技术进步奖三等奖 |
| 1994年8月 | 联合国技术信息促进系统(TIPS)发明创新科技之星奖 |
| 1994年10月 | 文化部科学技术进步奖推广奖 |
| 1999年5月 | 1999年度国家科技奖三等奖 |
| 1999年11月 | 1999年度广东省文化厅科技进步奖一等奖　文化部科学技术进步奖一等奖 |
| 1999年12月 | 国家科技进步奖（推广类）三等奖 |

ILAS先后获得10项大奖

新一代数字图书馆系统ILAS -III



最值得称道的还不是ILAS的技术成果和诸多奖项，而是它成功的产品化进程。在ILAS问世的同时，国内也有过类似的研制开发。我当时供职的北京大学，就至少研制过三个图书馆软件，其中两个属于学校正式下达的任务，我作为课题组成员自始至终参加了这两个项目。课题组成员都是学校从计算机系、计算机所和图书馆当中选派的尖子人才，技术力量绝不比ILAS差，研制的成果也具备了相

深圳图书馆自行研制的电子导览系统

当高的水平。但成果问世后，大家只热衷于报奖项、分奖金、评职称，软件束之高阁，无人问津，就是在北大图书馆也没有正式应用。而ILAS则迅速完成了产品化的进程，并及时推向了全国乃至海外。所以说ILAS的成功很大程度上是产品化的成功，又靠产业化推动技术的不断发展升级。这无疑受惠于深圳经济特区特有的观念、制度和政策。

当然，ILAS的最大受惠者还是深图。深图挟新技术优势的强势发展之路实际上是从ILAS开始的。

# 联合采编协作网（CRLNet）

联合采编协作网的正式名称为“地方版文献联合采编协作网”，英文名称为China Regional Libraries Network，简称CRLNet。从实际运作上看，英文名称更合乎其实质，因为我们的着眼点始终是各地方图书馆在书目数据上的整体合作，而不是局限于什么“地方版文献”。

CRLNet的创建者是深圳图书馆、湖南图书馆、福建省图书馆、上海图书馆、天津图书馆、辽宁省图书馆等六家图书馆。实际上深图是其首创者、组织者和执行者，也是全国的书目数据中心和数据质量控制中心，因此是这个项目当仁不让的“老大”。

事情的起因在于业界面临的共同难题。大家知道，图书馆的核心业务之一就是图书编目，编目的结果，过去是卡片式目录，计算机化之后是机读目录（MARC）。各个图书馆都在为完成编目任务而疲于奔命，却无法有效利用他人的成果，也无法将自家的数据与他人共享，书目数据难以互相利用，全国的图书馆实际上都在下大气力重复同样的工作。

这个道理简单而明了，却由于行政体制等原因，在中国就是无法解决问题。当时国际上已经有了行之有效的联合编目模式，亦即

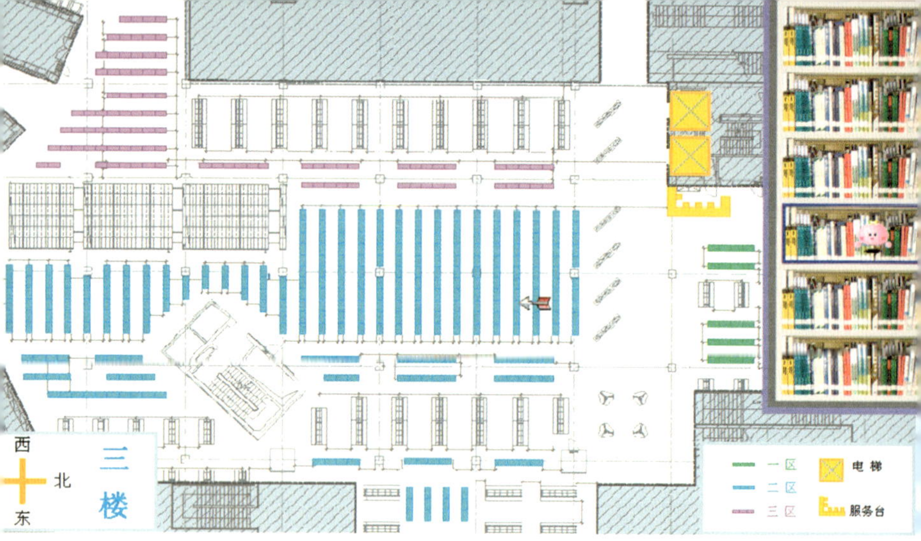

OPAC实现深圳图书馆文献定位

美国OCLC模式，可资借鉴，为我所用。OCLC（Online Computer Library Center，Inc.）即“联机计算机图书馆中心”，总部设在美国的俄亥俄州，是世界上最大的提供文献信息服务的机构。所谓OCLC模式，简单讲就是各图书馆在书目数据上联合上载，应用下载，共建共享，互利互惠。

在深图的倡议下，六家图书馆一拍即合，于2000年在深圳开会，签订了协议，当年12月CRLNet正式开通。至2015年年底，CRLNet已发展了香港、广西、浙江、广州、北京、吉林、黑龙江等多家单位成员馆，形成了一个超过200万条记录的网上书目数据库。据统计，数据覆盖率回溯数据可达90%，新出版图书可达70%。

现在看来，CRLNet已经超额完成当年预期的目标。按照国际先进的理念和通行的模式，突破了多年的瓶颈，建立起平等协作、互

深圳图书馆研制的文献智能管理系统，被广泛用于读者服务与文献管理

利互惠、实时上载下载，并由执证编目员控制质量的一整套制度和技术保障，形成了美国OCLC之外最大的中文编目网和中文书目数据库。从实际功效上看，解决了成员馆的编目难题，实现了书目资源的共建共享。仅以深图为例，编目数据中有90%是由CRLNet提供的。

正是由于这些原因，CRLNet在2005年荣获了文化部首届“文化创新奖”的殊荣，这也是该年度唯一获大奖的图书馆项目。CRLNet与ILAS不同，它只是一个图书馆的内部工作系统，旨在完成图书馆的书目数据编制任务，不大可能有轰动突出的社会效应。文化系统的一项最高荣誉授予了CRLNet，说明了社会各界对这项成果的高度认可与充分肯定。

# 无限射频识别（RFID）

无线射频识别，即Radio Frequency Identification，简称RFID，亦称“电子标签”。

从技术上讲，RFID是一种非接触式的自动识别技术。大家知道，原来图书文献是凭借条码扫描进行电脑识别的，采用RFID技术就是要转换成新的标识系统。深图是国内首家大规模全面应用RFID技术的大型综合性图书馆。可以说，RFID在国内图书馆的应用历史是从深图开始的。

正因为是首家，就难以避免首家的烦恼。大约在2002年前后，深图新馆应用RFID的问题就被列入日程，领导班子决策颇有踌躇。因为当时在图书馆使用RFID还属于非主流，不仅国内尚无先例，在国外也不多，且大多为中小型图书馆，诸多的大馆、名馆都没有使用。我们的管理者及技术骨干对此也不熟悉，基本上是从头学起的。一旦决策失误，使用失当，不仅2,000万设备预算要打水漂，全馆的整个业务管理和馆藏体系也会打乱，后果不堪设想。经过多次考察、论证，最后我们下决心上马，并在2006年7月深图新馆试开馆时全面启用。事实证明，RFID在深图的应用取得了巨大成功，我们当初的决策是正确的，是具有远见的。然而时至今日，当年决策前后那种忐忑不安的惶恐心情，我们依然记忆犹新。

RFID技术在深图应用的成功，开创了RFID技术向图书馆应用专业化转变的新局面。RFID本不是为图书馆度身定做的，需要一个适应图书馆的“本土化”过程。这点很像当年IT走进图书馆，开创了图书馆自动化、数字化的新领域。深图创造性地应用RFID技术促进了这种转变，同时也利用RFID实现了许多业务上的创新，其中很多都是独创，绝不仅仅是条码的替代品。

借助RFID技术，我们开发了“文献智能管理系统”。这一系统的研制与应用，使全馆上百万以开架方式为主的传统文献得到了高效的管理和应用，使得在原来条码识别管理下无法解决的难题，如文献定位导航、减少错架乱架、实现精确典藏等，都得以圆满实现。其中不乏我们的首创，如排架方式的革新、研制了智能书车等。这就实现了当年我们应用RFID的初衷：不仅仅将其视为条码的代用品，不是为应用而应用，而是作为契机和手段，创造性地打造智能化的环境，为今后发展奠定基础。

有了RFID的技术环境，我们大胆开创了以自助服务为主的服务模式。这是我们对外服务中最为彰显的一种嬗变，乃至形成了深图的服务特色。自深图新馆开放以来，以RFID技术为依托的自助服务模式和各种自助服务设施受到了读者的热烈欢迎。深图新馆开馆后，外借量骤增，日均约计1.2万册，周末高峰时曾达3万册，如此巨量的工作有95%是由自助外借设备完成的，而几乎所有的还书量都是通过自助方式完成的，还有自助还书设备在图书馆门外24小时工作。可以想象，如果没有自助借还模式和自助服务设施，每日上万的读者在服务台前排队借还书，会是怎样不堪的局面。

RFID技术在深图的创造性应用还产生了一个更为重要的成果，就是“城市街区24小时自助图书馆”（SSL）的研制成功。

# 城市街区24小时自助图书馆（SSL）

深图研制开发自助图书馆的工作始于2006年年底，亦即中心区新馆舍建成开放之时。

自助图书馆全称是“城市街区24小时自助图书馆系统”，这本是文化部立项课题的名称，后来也就这样沿用了。许多同行和媒体喜欢将之称为“图书馆ATM”，我曾多次表示反对，因为ATM的意思是“自动柜员机”（automated teller machine），听起来像是冷冰冰的机器（machine），这不是我们的原意和追求。我们的理念，是建立人性化的、有人情味儿的、具备图书馆各种功能的、活色生香的图书馆。我们为之拟定的英文名称是Urban Neighborhood: A Self Service Library，简称SSL，自以为还是达意的，体现了我们研制自助图书馆的初衷。

什么是“城市街区24小时自助图书馆”？我们可以做如下简单的描述：它以人文关怀为主导，以服务创新为目标，集成了RFID技术、图书传输自动控制技术、图书分拣自动控制技术、数据通信和数据处理技术，以及相关的安全技术和生产工艺于一身，是人性化、数字化、智能化与传统图书馆的完美结合。该系统实行不间断工作，使全市读者均可享受到24小时的图书馆服务。

24小时自助图书馆服务

具体讲，自助图书馆主要由自助服务机、图书馆服务与监控中心系统、物流管理系统等三部分构成，其核心设备是自助服务机。

在自助服务机上，几乎具备了图书馆全部的服务功能：

—— 申办新证。读者可通过第二代身份证自动进行识别，存入借书押金后，即可办理图书馆读者外借证，不需外借则不必存款。全部过程不到10秒钟。

—— 自助借书。持证读者可以凭证借取自助服务机书架上的所有图书，如同在图书馆内借书一样。

—— 自助还书。读者在图书馆借的书，或在自助服务机借的书，均可以归还到任何一个自助服务机。所还图书实行自动分拣，分类送达。

—— 预约服务，包括提出预借请求和按照预约通知取书，可以预借目录中的馆藏文献，并在规定时间在全市任何一台读者指定的服务机中取书。通过这一途径，读者可以不受服务机藏书数量的限制，直接利用深图的藏书和全市各图书馆的馆藏。这样就解决了自助机存书数量较少带来的种种不足。

—— 查询服务，包括本机和全市各服务机目录查询、深图馆藏目录查询和读者信息查询（包括读者基本信息、外借情况、欠款、预借文献等），以及作为终端直接读取馆藏数据库。

图书馆服务与监控中心系统支撑自助机的后台运作，可实时跟踪每台自助机的运行状态，当出现图书或读者证不足、还书箱或钱箱已满、自助机故障或遭到破坏时，都会做出响应，自动通知物流管理人员及时解决。物流管理系统承担自助图书馆的图书配送和日常管理工作，由中标的物流公司配备专门的流动书车来实现文献适时配送。

自助图书馆的问世，首先得益于深图长期以来坚持的技术立馆的方针。深图自从建馆以来，从研制ILAS开始，逐渐形成了一支技术过硬的团队，其中不乏卓越人才，其特点是对各种新技术敏感，又充满热情。

从技术上讲，深圳自助图书馆的直接技术起源是无线射频识别（RFID）技术的应用。RFID历经波折在深图上马后，效果出乎意料地好，这第一只螃蟹滋味不错。新馆开馆后，各种基于RFID技术的自助设备大显神通。随着RFID在深图的应用逐渐得到业界的认可，内地其他省市和港澳图书馆因之效法的也多了起来。我们大受鼓舞，意犹未尽，由此萌生了研制自助图书馆的创意。

比技术问题更为重要的，是树立人文关怀的理念。如前所述，我们理想中的自助图书馆绝不是“机器”的概念，而更像是一位活生生的图书馆员，慈眉善目，憨态可掬，热情周到，全知全能，除了借书还书，还可以办证、咨询、检索、收取押金、办理预借业务、查检各种数据库；同时，还要体现出现代化图书馆的特征，用先进技术服务市民，通过一台自助机，即可利用深图几百万的资源乃至全市图书馆的几千万资源。这些目标后来都通过各种技术手段实现了。

深圳图书馆研制开发自助图书馆的进程大致如下：

2006年年底，研制工作启动；

2007年3月，列入《深圳市建设“图书馆之城”（2006—2010）五年规划》；

2007年6月，列为文化部科研项目和深圳市重点文化建设项目，

自助图书馆

正式定名为“城市街区24小时自助图书馆系统”；

2007年12月，选定深圳市海恒智能技术有限公司为项目合作伙伴；

2008年4月，首台自助图书馆服务机问世，并通过文化部组织的专家验收；

2008年年底，首批共10台服务机投入运行；

2009年4月，40台服务机投入运行；

2009年10月，获第三届“中国文化创新奖”，并被列入“国家文化创新工程”；

2009年12月，文化部在深圳召开了宣传推介自助图书馆的全国会议；

2010年，获文化部第十五届“群星奖”。

截至2018年年底，深圳已投放运营自助图书馆296台。在深圳之外的其他城市及海外也有大量的应用，以至自助服务在全国范围形成风潮，产生了多种自助图书馆和24小时不间断服务的模式。

这个过程看起来好像一帆风顺，实际上绝非如此。在研制过程中，各种艰难困苦一言难尽，有技术上的，更多是公关上的。我们是2006年年底着手研制的，思路已经完备，急需制作一台样机，大约需要20万元的资金，却无从解决。外人可能不理解我们的财务预算制度和国库支付制度，打油的钱不能买醋，这笔钱必须要获得专项批准才能使用。要说服有关领导给予支持，不能光凭概念，需要有样机演示；而要有样机，则先要说服有关领导批准制作样机的经费，于是绕在这“鸡与蛋”的套套中难以自拔。无奈之下，只得通

过招标找到一家企业合作，幸好这家企业有眼光，毫不犹豫就投资了。这样的结果，是样机很快做出来了，但研制时间却拖后了近一年，知识产权也成了双方共有的。直到现在，还有人说我们搞自助图书馆是钱多了“烧”的，实乃无知加偏见，要知道这区区20万，若不是我们另辟蹊径，就险些葬送了整个项目。

不出我们所料，样机面世后，形势即开始改观，市民喝彩，媒体和社会各界也高度关注。业界的专家们首先给予了充分的肯定，中山大学的程焕文教授将之誉为传统图书馆和数字图书馆相结合的“第三代图书馆”，是世界首例的创新成果，这个意见后来写入了专家鉴定书。有关领导也开始关注，文化部首先表示支持，2007年正式将自助图书馆列为文化部科研项目。2008年，深圳市领导特批试运行10台，2009年又批准了40台，自助图书馆步入了发展的正轨。



2009年，中央主管领导考察深圳文化建设，参观了自助图书馆，看后赞不绝口，高度评价，立即指示大力宣传推广。2011年，胡锦涛总书记视察了深圳自助图书馆，给予了充分肯定和赞扬。自助图书馆逐渐声名鹊起，被立为深圳市重点文化建设项目。文化部在深圳召开了宣传推介自助图书馆的全国会议，全国各地的参观考察者络绎不绝。2009年10月，项目获第三届“中国文化创新奖”，并被列入“国家文化创新工程”，2010年获文化部第十五届“群星奖”。

## 自助图书馆项目获得的奖项

| 年份 | 奖项 |
| --- | --- |
| 2008 | 深圳市文化局2008年度“文化创新奖” |
| 2009 | 文化部第三届“文化创新奖”，并被列入首批“国家文化创新工程” |
| 2010 | 文化部第十五届“群星奖” |
| 2010 | 深圳市“精神文明重大成果奖” |
| 2010 | 第九届中国艺术节“群星奖”项目奖，成为深圳获此殊荣的唯一项目类奖项 |
| 2011 | 广东省图书馆暨书房博览会“创意创新优秀奖” |
| 2011 | 深圳市全民阅读示范项目 |

## 自助图书馆项目获得的专利

| 专利名称 | 专利类型 | 专利号 |
| --- | --- | --- |
| 图书馆自助服务系统 | 发明专利 | ZL 2007 1 0124308.7 |
| 图书馆自助终端 | 实用新型专利 | ZL 2007 2 0172766.3 |
| 图书馆自助终端机柜结构 | 实用新型专利 | ZL 2007 2 0172630.2 |
| 图书馆自助终端（1） | 外观设计专利 | ZL 2007 3 0173427.2 |
| 图书馆自助终端（2） | 外观设计专利 | ZL 2007 3 0173426.8 |

展望深圳街头，近300台自助图书馆在深圳各街区运行，逶逶而有仪，已经成为一道亮丽的城市文化风景线。曾有一位女市民动情地对我们的工作人员说，自己在深圳发展不顺利，正考虑回老家，但使用了自助图书馆这样便民的服务设施，而其他地方都没有，就改变主意不走了，留下做一个深圳市民。自助图书馆项目问世后得

自助图书馆——城市中的亮丽风景线



到多次领导表彰和各种奖项，但这位女市民的夸赞却更令我们倍感荣耀，从中切实感受到我们做了图书馆应该做的事情，尽了我们的社会责任，体现了图书馆的社会价值。

**藏书是图书馆的独门利器，**人类文明赖此而传承，阅读社会赖此而建立，**知识平台赖此而支撑。**

# 八

# 鲁壁名山

——文献资源保障

# 文明传承

某年造访台北中山南路的图书馆，见其悬挂有一副楹联：“大汉文章出鲁壁，千秋事业藏名山”。有人说此联出自著名科学家、台湾知名人士朱家骅先生之手，不知确否。

楹联中的典故是人们所熟知的，主要包含了两个故事：一是“鲁壁出书”之说，出自孔颖达《尚书序》等多部典籍，讲的是西汉景帝年间在孔子旧宅的墙壁中发现儒家典籍的著名故事，这是中国学术史、思想史、文献史上的重大事件；二是“名山藏书”的典故，名山是司马迁虚构的理想文献典藏之地，即收藏《太史公书》的地方，“藏之名山，副在京师，俟后世圣人君子”（《史记·太史公自序》），“藏之名山，传之其人”（《史记·报任安书》）。鲁壁出书，名山藏书，都反映了我国传统文化中对文献收藏的尊崇和景仰。

这副楹联悬挂在图书馆是再合适不过了，因为图书馆具有堪称当代鲁壁名山的独特资源：图书馆藏书。藏书是图书馆的独门利器，人类文明赖此而传承，阅读社会赖此而建立，知识平台赖此而支撑。

在中国传统文化中，文献是“载道”的，也是文明的象征。所谓“唯殷先人，有典有册”（《尚书·多士》），其使命是“为天地立

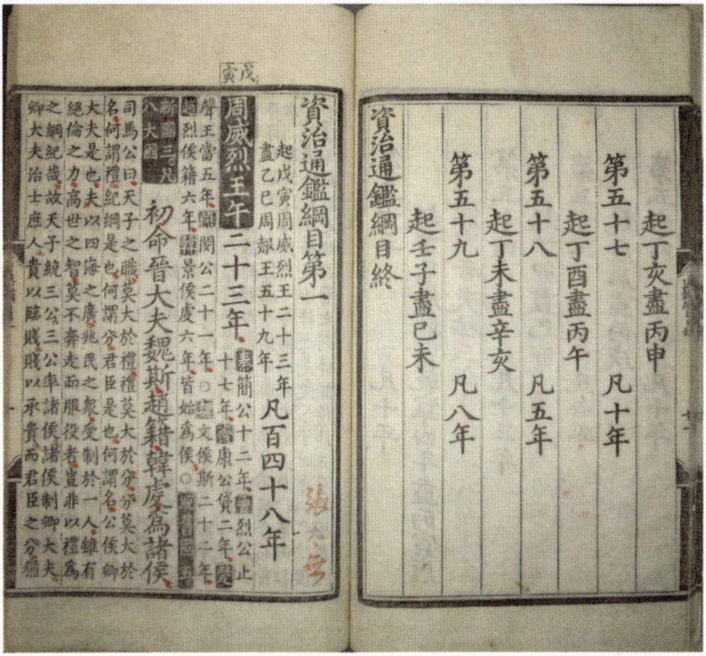

《资治通鉴纲目·卷五十九》

《影印文渊阁四库全书》

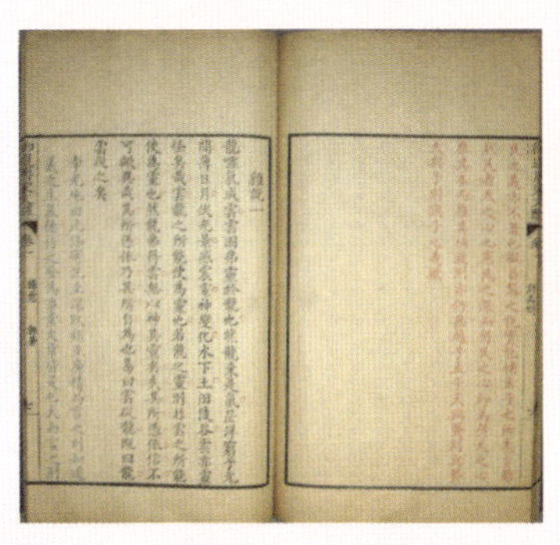

《御选唐宋文醇·卷五十八》

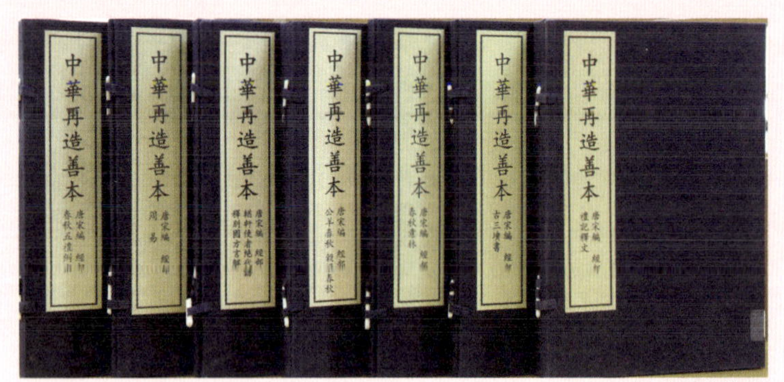

《中华再造善本》

心，为生民立命，为往圣继绝学，为万世开太平”（张载“横渠四句”），因此文献要“藏之名山”，流传万代。中国民间也有“诗书继世长”的优良传统，以及“敬惜字纸”的质朴习俗。这就是我们祖先的文献观念。



中国的图书馆人继承了这一传统。我入行不久，就曾听到过图书馆员在“文革”中守护藏书的故事。当年在“文革”破坏最为严重的时候，“破四旧”风潮起，红卫兵涌入图书馆要烧掉“封资修”的书刊，而图书馆的藏书按照当时的标准几乎统统都是“封资修”，应该付之一炬的。据我所知，当时北京大学图书馆、上海图书馆等许多图书馆员放弃了你死我活的“派性”争斗，联合起来，不计前嫌，日夜守护，保卫藏书，使图书馆的馆藏基本没有受到太大损失。这些图书馆员都是些普通人，他们不会先知先觉地对“文革”有什么超出时代的认识，甚至许多人也没有受过正规的专业教育，但他们的职业精神非常值得敬仰，令人感动。“文革”浩劫使无数图书文物遭受损毁，而县级以上的图书馆藏书均未有整体性被毁坏的案例，即与全国图书馆员们这些职业操守和文化情怀相关。

还有一件事情发生在近年，作为反面例证，它是图书馆乃至整个社会藏书观念缺失的产物。日前，某地图书馆高调宣布：借书证不再收取押金。该地政府领导放言，为使市民多办证、多借书，借书押金一律免除，由此而造成的图书馆书刊丢失的损失，全部由市财政增拨款项来买单。应该说，免收押金是公共图书馆一项具有重大积极意义的举措，应予提倡推广。香港和许多西方国家的城市的公共图书馆都是不收取借书押金的，居民的诚信本身就是担保。但该地推出的这一举措，虽然也是用心良苦，却让人感觉有些不大对味儿，因为该地政府和图书馆不是寻求建立可以取代押金的信用担保制度，而是不惜损失图书馆的文献收藏，就如同是在给市民开粥厂、发红包。在他们眼中，图书馆书刊的损失是可以用金钱来补偿的，

《念恭堂黄氏家乘》

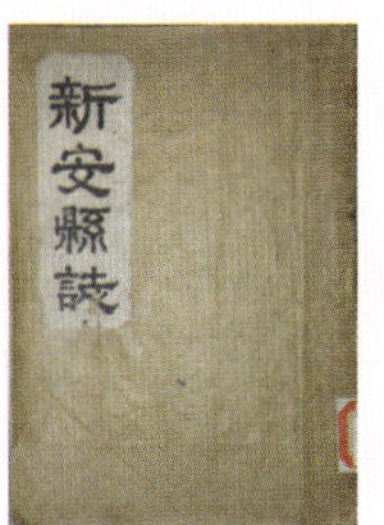

《新安县志》（嘉庆铅排本）

1982年第1期，《特区文学》创刊号

馆藏的文献是可以作为福利赠送给市民的。最可笑的是，享受这一“福利”的恰恰是那些品行有亏、需要教育惩戒的“雅贼”，而广大遵纪守法的公民却要蒙受由此带来的损失，如加大财政开支、损失公共文献收藏等。在这件“好事”的背后，我们看到了对图书馆观念的错位，对图书馆藏书认识的缺位，以及对文化遗产和文明传承的漠视。

文献、藏书，是图书馆的基本资源，更是图书馆社会价值和社会功用的核心所在。对于文献和藏书，国际思想学术界已经从人类历史和哲理的角度进行了阐述。其中，英国大哲学家卡尔·波普尔（Karl Popper）的“世界三”理论是许多人熟知的，其大意是：“世界一”是客观的世界，“世界二”是人们的头脑中的精神世界，“世界三”是文献的世界。卡尔·波普尔因此得出了一个著名的结论：如果世界毁灭了，只要图书馆收藏的客观知识和人类的学习能力还存在，人类社会仍然可以再次运转；但如果图书馆也被毁灭，人类恐怕就要回到洪荒时期了。意大利著名哲学家、作家安贝托·艾柯（Umberto Eco）也说过：“数百年来，图书馆一直是保存我们的集体智慧的最重要的方式。它们始终都是全人类的大脑，让我们得以从中寻回遗忘，发现未知。…… 换句话说，我们之所以发明图书馆，是因为我们自知没有神的力量，但我们会竭力仿效。”

# 文献资源保障体系

与其他形式的文献收藏不同，图书馆藏书的特点是其系统性和长期积累，用专业术语表述，就是建立起完备的文献资源保障体系，为的是给当代提供有保障的系统的文献服务，也为给后世留有一份完整的全面的文化遗产。目前还没有任何其他社会机构在这一点上可以取代图书馆。

有些人总是搞不清图书馆和书店有什么不同。这个问题听起来幼稚可笑，但对许多人来说却是确确实实存在的疑惑。在某些人（也包括一些主管官员）眼中，图书馆只是茶余饭后的文化休闲场所之一，和书店及影剧院、文化馆、公园广场等，没有什么大的差别。许多城市的图书馆与书店往往建在一起，就是实例。某地一位主管领导甚至推广其“先进经验”：书店与图书馆“联营”，书店给图书馆发奖金，图书馆则把书店卖不出去的“垃圾书刊”统统买下，于是各得其所，皆大欢喜。

图书馆有着比文化休闲更为重要的社会功能，除了上文提到的社会意义外，还要为社会的发展提供全面、完备、系统的文献资源保障，并要承担文明传承使命。这样的功能和使命，书店能否完成呢？不能。书店只能提供当年及近年的新书，甚至只是有销路的新

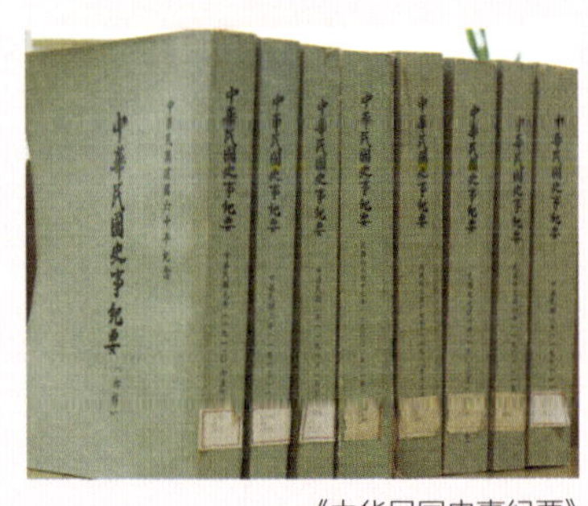


《中华民国史事纪要》

近代中国史料丛刊三编

书，不会系统地按照学科、专题来收集和积累文献，也不会提供卖不出去的书刊。同样一本书，在书店只是商品，到了图书馆就成了馆藏，而馆藏则是人类文化遗产的范畴，亦即波普尔所说的“世界三”。馆藏的使命是“为往圣续绝学”，为当代献服务，为后世传文明，永远都不能将馆藏作为“红包”派发。



那么，凭借个人的收藏能否建立起这样的文献保障体系呢？应该承认，历朝历代的私家藏书曾经起到过非常积极的历史作用，为文化传承、文献保存和文献研究做出过重大的贡献，许多重要的学术成果也是以此为依托完成的。但毕竟时代不同了，收藏书刊作为“雅好”可以，但不大可能凭此解决重大课题。藏书家的时代已经过去。远在两千多年前的古代社会，对文献数量最为夸张的形容不过是“学富五车”“汗牛充栋”。即使当时的文献总量如此有限，孔子还要“问礼”于“周藏室”（周王朝的国家图书馆），亚里士多德还要借助“学园图书馆”。可以说，面对今天的出版量和社会信息量，

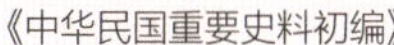
《中华民国重要史料初编》

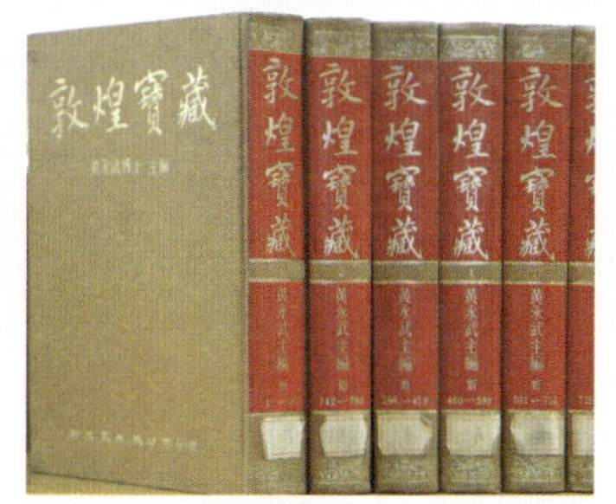

《敦煌宝藏》

凭借个人的力量已经不可能建立起完备系统的文献收藏，只能依靠社会化的分工，也就是依靠图书馆及其他社会文献机构。这就如同生病要找医生，上医院，寻求专业帮助，靠个人买些感冒胶囊之类的只能对付一些头疼脑热的小毛病。

就行使提供文献保障、传承文献遗产的功能而言，目前还没有其他社会机构可以取代图书馆的藏书。遗憾的是，在许多图书馆里，这一功能往往被漠视。因为被漠视的恰恰是图书馆之所以成为图书馆的最为根本的东西，是图书馆之外其他机构无法替代的社会作用，故曰“舍本”。而“舍本”的后果是严重的，如今一些图书馆生存和发展都成了问题，其根源就在于此。道理很简单，倘若公共图书馆只是着眼于提供茶余饭后的“文化生活”，自视为休闲场所，那么社会也会如此认知公共图书馆。这样的结果就是逐渐“边缘化”，游离于主流社会发展之外。

# 煌煌馆藏

深圳特区历来重视全市图书馆的文献资源建设。2007年，深圳市政府制定并实施“深圳市民生净福利指标体系”，全市公共图书馆要达到藏书总量1,800万册，常住人口人均图书2册，户籍人口拥有人均6册。同时实行文献配置分级保障制度，发挥各区、各馆优势，共同推进全市文献资源保障体系。

2004年，《深图通讯》改刊出版

深图是全市文献资源保障中心。深图在1979年改为市建制图书馆时，馆藏只有5万册。1986年开馆时，馆藏有24万册。至2006年中心区新馆建成前后，馆舍和经费条件得到极大改善，深图不失时机地把文献资源建设推向更高的层次。截至2018年，深图馆藏总量已达1,018.72万册（件），含纸质文献543.08万册，电子文献（含音像资料）475.64万册（件）。

## 深图馆藏概况

| 文献类型 | | 藏量（册 / 件） | 比例（%） |
|---|---|---|---|
| 纸质文献 | 中文简体图书 | 3,921,746 | 47.24 |
| | 港台图书 | 111,768 | 1.35 |
| | 外文图书 | 109,401 | 1.32 |
| | 报刊合订本 | 287,059 | 3.46 |
| 数字资源 | 电子书 | 1,327,061 | 15.98 |
| | 电子期刊 | 2,398,974 | 28.89 |
| | 音像资料 | 146,084 | 1.76 |
| 其他 | 合计 | 8,302,093 | 100.00 |

说明：数据信息截至2015年12月

## 深图1992年—2015年馆藏总量、文献购置及文献加工费统计表

| 年份 | 馆藏总量（万册/件） | 文献购置及文献加工费（万元） | 年份 | 馆藏总量（万册/件） | 文献购置及文献加工费（万元） |
|---|---|---|---|---|---|
| 1992 | 104 | 261 | 2004 | 167 | 490 |
| 1993 | 130 | 207 | 2005 | 148 | 1,261 |
| 1994 | 145 | 289 | 2006 | 191 | 516 |
| 1995 | 160 | 262 | 2007 | 390 | 1,054 |
| 1996 | 174 | 352 | 2008 | 408 | 1,734 |
| 1997 | 124 | 415 | 2009 | 477 | 1,666 |
| 1998 | 133 | 421 | 2010 | 569 | 1,075 |
| 1999 | 141 | 425 | 2011 | 611 | 2,467 |
| 2000 | 149 | 450 | 2012 | 665 | 1,705 |
| 2001 | 158 | 761 | 2013 | 706 | 1,585 |
| 2002 | 163 | 1974 | 2014 | 747 | 2,373 |
| 2003 | 165 | 1302 | 2015 | 830 | 2,701 |

为解决公共图书馆藏书空间不足的难题，深图积极推进“深圳市图书馆调剂书库”项目。该项目2013年已经批复立项，预计2020年投入使用。

此外，全市公共图书馆藏书数量也稳步增长，现在已达2,800万册。全市的“千人新增藏书量”指标大幅提高。

### 深圳全市公共图书馆历年藏书量

| 年份 | 藏书总量（万册/件） | 当年新增纸质文献（万册） | 年末常住人口（万人） | 千人年均新增藏书量（册） |
|---|---|---|---|---|
| 2002 | 536.44 | / | 746.62 | / |
| 2003 | 648.50 | / | 778.27 | / |
| 2005 | 992.59 | / | 827.75 | / |
| 2009 | 1,743.23 | 180.72 | 995.10 | 181.61 |
| 2010 | 2,001.13 | 133.49 | 1,037.20 | 128.70 |
| 2011 | 2,151.73 | 119.88 | 1,046.74 | 114.53 |
| 2012 | 2,325.41 | 128.73 | 1,054.74 | 122.05 |
| 2013 | 2,465.28 | 139.22 | 1,062.89 | 130.98 |
| 2014 | 2,621.82 | 158.20 | 1,077.89 | 146.77 |
| 2015 | 2,809.37 | 157.86 | 1,137.89 | 138.73 |



目前深图馆藏中已经形成特色的馆藏主要有：

■ 地方文献

设有地方文献中心，致力于搜集、整理、收藏、展示深圳本地区文献，同时建有地方文献专题数据库。

现收藏有地方文献图书5万余册，期刊400余种，报纸200余种。建成“深圳记忆数据库”“深圳地方报刊创刊号数据库”“深圳图片库”“深圳文库”等特色专题数据库。

## ■ 港澳台文献

早在1986年图书馆开馆之前，就设立了港澳台资料组，收集相关文献。1993年成立香港文献中心。2013年设立港澳台文献专区。

现有港澳台图书11万册，报刊年入藏500余种，重点为哲学、社会、经济、历史、电子工业等领域。

## ■ 古籍文献

收藏有古籍300余种，3,000余册，其中善本古籍约计300余册。

2008年完成全部古籍编目，完善了古籍藏书数据。同年完成了珍贵古籍的全文数字化。

## ■ 专题文献

专题文献特藏主要有：法律文献、时装与艺术设计文献、东盟信息资料、商贸文献、南书房经典藏书、世界文化文献。许多特藏建有专题文献数据库。

『请君莫奏前朝曲，听唱新翻杨柳枝。』毋庸置疑，**数字文献和数字阅读是未来发展的趋势**，也是图书馆发展的趋势，这个**趋势不可改变**。

# 九

# 新翻杨柳

——数字资源与数字阅读

# 数字时代

在我幼时，家中有位颇有学养的长辈，对当时出版的书刊深恶痛绝。在他眼中，中文用简体字从左到右横排出版乃岂有此理之事，简直就是亵渎文化。据说还有一位长辈的长辈（我无缘亲见），从不读西式装帧的书籍，只看线装书。现在说来，都只是笑谈了。

20世纪70年代末和80年代初，我正在北大读图书馆学，知晓了美国著名图书馆学家兰卡斯特（F. W. Lancaster）关于“无纸社会”（paperless society）的著名预言：“我们正在迅速地不可避免地走向无纸社会”“图书馆主要是处理机读文献资源，读者几乎没有必要再去图书馆”“再过20年，现在的图书馆可能完全消失”。这在当时算是石破天惊的理论，我家那位长辈和长辈的长辈倘若有知，定会目瞪口呆。

有趣的是，在21世纪初，这位兰卡斯特教授到国内某大学讲学，有人问道，他的预言没有如期实现，是不是错了。这位大教授回答很是幽默：我的预言没有错，是这个时代发展错了。

有人认为兰卡斯特的预言并没有兑现，因此对他的论点持否定态度。公正地说，兰卡斯特的预言在总体趋向上并没有错，只不过他所预设的具体时间和具体方式上有些问题。我们的社会不大可能在某一时间点上，蓦然回首，俨然已变成“无纸社会”。电子图书取代纸本图书要有一个相当长的此消彼长的过程，这个过程现在还远未终结。图书馆也不会在一夜之间消亡，而是在逐渐改变着收藏的内容和服务的方式，以适应时代的发展。任何大趋势式的预言均不可能准确预言具体的时间和方式，就是今天，我们依然不能准确地给出数字化发展的时间表，这点我们是不能苛求前人的。

“请君莫奏前朝曲，听唱新翻杨柳枝。”毋庸置疑，数字文献和数字阅读是未来发展的趋势，也是图书馆发展的趋势，这个趋势不可改变。2012年7月，亚马逊网上书店宣布，其电子阅读器Amazon Kindle的电子图书销售量首次超过纸质书销量 。专家们将其解读为“标志性事件”，称电子阅读时代的“拐点”已经到来。后来的事实证明，这一事件并不具有太多的标志意义。但电子图书、数字阅读一定会取代传统的阅读方式，数字阅读的时代正在到来，则是毋庸置疑的。

兰卡斯特

再看中国的情况。我国图书馆的自动化、数字化始自20世纪80年代。1988年，文化部委托深圳图书馆研制成功“图书馆自动化集成系统”（ILAS），并在全国推广，标志着中国图书馆自动化、数字化的起步。21世纪之后，以电子计算机技术为代表的各种新技术陆续在图书馆广泛应用，图书馆界对新技术的反应亦更加敏捷、更见成效，在服务创新、管理创新上愈加丰富多彩，也愈加多元化。譬如中国高等教育文献保障系统（CALIS）、全国文化信息资源共享工程、数字图书馆推广工程，以及深图实施的RFID系统、城市街区24小时自助图书馆的成功研制，均标志着深图及全国图书馆界均已经进入了数字化时代。

# 纸本文献与数字资源

深圳是最先受到数字化潮流冲击的先锋城市。在数字化大潮的席卷下，深圳乃至全国、全社会的阅读方式和图书馆的运作模式都发生了巨大的变化。

于是有人产生了疑问：现在已经进入网络化、数字化时代，图

书世界

书馆是否还是社会阅读的主体，是否还具有不可替代的社会价值和功用？我们是否还要到图书馆读那些纸本书籍？

这种疑惑不足为奇。各种新技术手段进入阅读领域以来，我们的社会出现了截然不同的两个阅读群体，或者说是两种阅读观。一部分人极端地依赖各种新技术来获取信息，出现了网络控、手机控、微博控、微信控一族人。他们几乎从不阅读传统纸质文献。这些人以年轻一代的“新新人类”居多，也有部分对新技术较为敏感和热衷的中老年人。

另有一部分人则极端地抵制新技术，拒绝任何新媒体文献。这些人可不是我家前辈那样的保守读书人，其中不乏深具影响的大家。这里且仅举两个例子。

一是王蒙先生。2012年在东莞召开的“2012中国图书馆年会”上，王蒙先生在闭幕式上做了题为《现代性文化与阅读》的演讲，我有幸躬逢其盛，到场聆教。这篇演讲的结论性意见是：“读书是不能替代的，不能用上网替代，不能用看VCD替代，不能看DVD替代，不能用敲键盘替代，甚至也不能用手机和电子书来替代。……正是最普通的纸质的书，它表达了思想，表达了思想的魅力，表达了思想的安宁，表达了思想的专注，表达了思想的一贯。因此图书馆是一个产生思想的地方，是一个交流思想的地方，是一个深化思想的地方。”

另一位是易中天先生，他的表达更为妙趣横生。当谈到数字媒体是否会代替传统出版物的时候，易先生激动地说：“完全替代是不可能的。那种用手触摸精装书籍的美好触感，电子阅读永远无法代

古籍樟木柜



替。经典作品还是要靠纸质媒介呈现，就像满汉全席，能用塑料盘子装吗？”

无论是王蒙先生、易中天先生，还是新新人类，阅读传统纸质文献还是新型数字文献都是见仁见智的事情，各取所需即可。但对于图书馆来说就不同了，有许多迫在眉睫的问题要解决，如纸本资源收藏与否，传统文献与数字文献的关系、比例问题，就很现实地摆在图书馆面前，图书馆不得不面对，不得不拿出解决的思路、方案。

在这个问题上，国内图书馆界有着截然不同的看法，有人主张恪守纸质文献的核心地位，也有人倡导“电子文献先行”（e-first）、“网络先行”（i-first）。

深图对此有一以贯之的方针，其主要原则是坚持两点：一是思想要敏锐，认识要超前；二是行动要保守、谨慎，尤其是涉及采取破坏现有资源和现有服务模式的措施，一定要缓行、慢行、三思而后行。

至少在目前，图书馆的纸本文献仍然是不可缺少的，仍然要实行数字文献和纸本文献并存的方针。这样讲主要是基于现实的因素。目前社会纸质文献资源还极为丰富，还没有被数字文献完全取代。图书馆有“传承文明”的社会责任，要为后人留下完整全面的文化遗产，因此还不能舍弃纸本资

“尺幅千里，尽收眼底——中国哲学画卷”展

“经典回眸，书影流连”展

《行走南书房》创刊号

源。更为重要的是，读者对纸质文献的需求很大，尤其是公共图书馆，我们不能忽略普通读者尤其是底层民众对传统文献的现实需求。此事涉及图书馆的人文关怀，因此必须予以重视。

毫无疑问，今后的世界，纸张和纸质文献还会继续存在并发挥作用，不会马上消亡。但是如同枪械出现了弓箭还会存在，电灯出现了蜡烛还会存在，汽车火车出现了马匹还会存在，其地位和意义却是不一样的。毕竟社会已经进入信息化、网络化、数字化的时代，社会阅读也好，图书馆也好，都会发生重大的嬗变。

然而，变中亦有不变，万变不离其宗。在网络化、数字化时代，图书馆独特的、不可替代的社会作用非但没有减弱，反而更加强化了。这是因为图书馆为社会提供了丰富实用的数字资源。与互联网上良莠并存、未经筛选的信息不同，图书馆收藏和提供各种的数据库，如同图书馆的藏书一样，是经过精挑细选和专业化整理揭示的，因此是最重要、最实用、最具价值的信息资源，而且大都是免费提供使用的。即使是所在的图书馆数据库不够齐备，使用者另有需求，现在图书馆大都可以通过各种图书馆协作关系和资源共享平台，利用其他图书馆的数据资源，这些服务都是无偿提供的。无论是普通读书人，还是读书治学者，图书馆数字资源都是基本资源和首要选择。在现代社会，对于治学之人，推而广之到一切利用文献为学的读书人，一定要学会利用数字文献，其中主要是图书馆收藏的各种数字资源。作为一名现代学者，这已经成为必不可少的学术功力。

我们之所以坚信当今已经进入数字阅读的时代，数字阅读会取代传统阅读成为社会阅读的主体（不是全部），最为重要的依据，就是今天的图书馆已经初步建立起系统完备的数字资源体系。在目前社会上，还没有其他社会机构拥有这样完备的数字资源、这样系统的数字阅读保障、这样全面无偿的服务。图书馆之所以能够如王蒙先生所说，是产生思想、交流思想、深化思想的地方，不仅仅是因为有传统的纸质藏书，今天还要有赖于这些足不出户即可坐拥天下资源的数据库集合。

很难想象当今社会的治学者能够脱离图书馆的数字资源来搞科研、做学问，就是追求全面系统阅读的普通读书人，也不应忽略这一高效便捷、人皆可用的途径。不管阅读习惯如何，都没有理由说图书馆的数字资源不能“表达思想”，都不能否认这些数据库集合是无比丰盛的“满汉全席”，更不可无视或拒绝利用这些全体公民都有权利享用的公共资源。图书馆数据库中有最新的科技论文和学术成果、最新的学术著作，也有《四库全书》这样的古籍原始文献，如果说这些不是“高大上”的满汉全席，什么才是？



王蒙、易中天等人之所以有那样的看法，源于这样一种流行的思维定式：在电脑、网络或手机上阅读都是“浅阅读”，一卷在手才是读书。此乃无稽之谈。从历史上看，人类使用过几乎一切可以用于记载图文的介质，如竹、木、绢、石、草、叶、泥、青铜、陶瓷、兽皮等，直到后来才普遍使用纸张。在使用这些载体的时候，人类的文明都曾辉煌发展，如纸莎草时期的古埃及文明，泥版文书时期的两河流域文明，简策时期的商周秦汉文明。而后来之所以选择纸张作为文献载体，原因在于其廉价易得。可以肯定，如果有更便捷、更廉价的载体，人们的选择肯定会发生变化，而且这个变化现在已经在发生了。现有的图书馆各种数字资源，几乎囊括了一切文化科学成果，这一切都不是“浅阅读”可以解释的。

# 数字服务

曾有一位史学研究者说过，只要学会利用各种图书馆数据库，每个研究者在占有资料上都可达到陈寅恪先生的水平。这是深得个中三昧者之言。至于自然科学和技术的研究者，对于数字文献的需求就更为迫切，利用方式的变化也更具颠覆性。

为适应这一重大变化，图书馆必须由传统的模式适时地转变为以数字资源和数字服务为基础的“知识服务平台”和“信息传播平台”。



多年来深图在数字资源和数字服务上做了大量工作，归结起来主要有：

深圳文献港移动服务门户

## ■ 数字资源积累

深圳全市的数字资源藏量大幅提高。到2015年年底，全市主要市、区级图书馆累积数字资源总量1,049.1万余册（件），占全市总藏量的37%。其中电子图书576.27万余册，电子期刊401.42万余册，累积音像资料62.38万件。

深圳市公共图书馆历年数字资源藏量

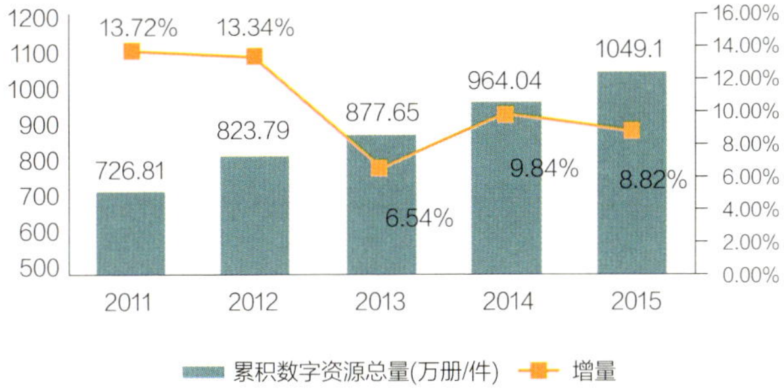


■ 电子阅览室与信息资源共享空间

早在1997年，深图就建立了“网络多媒体阅览室暨INTERNET俱乐部”。2006年中心区新馆建立后，又设立“多媒体视听与数字资源服务区”，后改为“数字信息共享空间”。在图书馆馆舍空间内提供各种数字信息服务。

■ 网络远程传递

深图网站建立于1992年，是国内最早建立网站的图书馆之一。2006年中心区新馆开放后，建立数字资源服务门户，开展网络远程服务，读者可以远程借阅电子图书和利用馆藏数据库。

## 数字资源服务数据（2008—2015年）

| 年份 | 文献传递（篇次） | 数字资源馆外访问（人次） |
| --- | --- | --- |
| 2008 | 25,021（7—12月） | 39,046（11—12月） |
| 2009 | 28,155 | 1,045,634 |
| 2010 | 23,869 | 253,729 |
| 2011 | 16,408 | 252,950 |
| 2012 | 12,060 | 319,721 |
| 2013 | 37,575 | 340,352 |
| 2014 | 16,100 | 513,072 |
| 2015 | 13,076 | 459,022 |

说明：2009年的数字资源馆外访问数据为阅览人次

## ■ “深圳文献港”多平台服务

2009年，深图与深圳大学图书馆、深圳大学城图书馆联合创建“深圳文献港”，提供280万种图书与1.5亿条期刊、报纸、学位论文等。2013年“深圳文献港”Ⅱ开通，可以检索深圳地区主要图书馆数字资源和700多家图书馆的资源，并提供1.8万条大学课程资源信息及10万集视频在线播放。



## “深圳文献港”网站访问统计

| 年份 | 2011 | 2012 | 2013 | 2014 | 2015 |
| --- | --- | --- | --- | --- | --- |
| 访问量（次） | 1,757,440 | 19,517,281 | 29,032,997 | 33,937,276 | 42,392,061 |

## ■ 网站与新媒体服务

网站与新媒体服务包括深图网站、“图书馆之城”暨“共享工程”网站、移动图书馆、微平台（新浪微博和微信公众号）等多种方式。目前新媒体服务量日益增多，成为图书读者服务的重要内容。

深圳图书馆微信统计数据

| 年份 | 推送消息次数 | 图文消息数量 | 分享转发人数 | 分享转发次数 | 图文页阅读人数 | 图文页阅读次数 | 订阅用户数量 |
|---|---|---|---|---|---|---|---|
| 2013年7月—12月 | 96 | 489 | 938 | 1,373 | 46,592 | 101,808 | 10,163 |
| 2014 | 257 | 1,058 | 8,947 | 13,713 | 219,314 | 503,113 | 28,034 |
| 2015 | 307 | 628 | 20,364 | 28,693 | 507,903 | 801,523 | 55,132 |

**阅读就是力量。**一个人阅读的力量，决定个人学习的力量、思考的力量、实践的力量；那么所有人阅读的力量加在一起，**就决定国家文化的力量、精神的力量、创造的力量。**

# 十

# 天下共读

## ——全民阅读与图书馆之城建设

# 全民阅读

清代乾隆年间，有位学者兼藏书家周永年，提出仿效佛藏、道藏，建立“儒藏”，专供天下寒门士子阅读，以实现“天下万世共读之”的宏伟目标。在当时的历史条件下，这样的理想只能是空想而已。

周永年的学说很像是今天我们所说的“全民阅读”，但又不完全是一回事。全民阅读不同于普通的阅读，我们平常所说的读书也好，阅读也好，包括个人阅读、图书馆阅读、学校阅读等等，都不能等同于全民阅读。



全民阅读是有其特定的含义和特定的时代特点的。一般说来，今天所说的全民阅读有如下几个特征：

1. 动用国家和政府的力量，促进社会阅读活动。在国外还包括一些有广泛影响力的非政府组织，在中国也包括一些身居高位领导人的个人号召，都具有这个作用。

2. 具备制度的保证。在国外主要指制订相关的法律、法规，在中国有政府的红头文件，以及其他公认有效的成文的制度。

3. 具有社会联动作用。全民阅读不囿于小范围、小团体，或是

深圳图书馆馆内座无虚席

深圳大学城图书馆

某个单位、某个行业，而是具有社会整体性的联合行动。

4. 形成全社会范围的影响力。其效果是长久的、全社会的，而不是一时一地的。

具备这些特征，就大体符合我们今天所说的全民阅读的概念了。

全民阅读不是自古就有的，而是时代的产物。从历史发展看，人类阅读的历史源远流长，中外文明都是如此。但当代社会的阅读潮流，亦即我们今天所说的“全民阅读”的兴起，则肇始于20世纪90年代前后，其标志性事件就是联合国教科文组织在1995年建立的“世界读书日”（即4月23日“世界图书与版权日”）。这一旨在鼓励人们多读书、读好书的日子已演变成为世界性的读书盛会。每年这一天，世界上100多个国家都会举办多种多样的阅读促进活动，美、英、法、日、俄、新加坡等诸多国家都设立了全国性的读书节，而举办相应读书节庆活动的城市更是数不胜数。许多国家和城市都把促进阅读上升到法律高度，出台了一系列法律法规，使之成为不折不扣的国家工程、全民工程。这就是当代意义上全民阅读的由来。



国内的全民阅读兴起并蔚成风气，也始于20世纪末期，与世界潮流基本同步。其标志就是1997年1月《关于在全国组织实施“知识工程”的通知》的颁发，这个通知是九个部委联合发出的，包括中宣部、文化部、国家教委、国家科委、广播电影电视部、新闻出版署、全国总工会、共青团中央、全国妇联，可谓声势浩大，各界动员，发动了一场以倡导读书、传播知识、推动社会文明与进步为目的的文化系统工程。九部委中牵头的实际上是文化部，具体操作是文化部图书馆司，其时我就在该机构供职。

2014年“读书月”活动之王京生对话白岩松

深圳图书馆国家重点文化工程宣传板

宝安区图书馆



到2004年4月23日，全国知识工程领导小组和文化部联合主办、中国图书馆学会和国家图书馆承办的以“倡导全民阅读、建设阅读社会”为主题的“世界读书日”宣传活动拉开序幕，算是正式与国际接轨。此后每年的“世界读书日”前后，全国各地都会开展丰富多彩的阅读推广活动。

此后，全国其他部委和各地方政府也积极推行全民阅读，出台了一系列文件、法规和政策。在中央和国家政府层面，已经明确把推动全民阅读列为重要的立国方针，提倡全民阅读，建立学习型社会。地方政府的举措就更多了，据不完全统计，现在全国已经有四百多个城市开展了读书日、读书节、读书周、读书月、读书季的活动。其中最先开展采取措施落实全民阅读活动的就是深圳2000年启动的“深圳读书月”活动和2003年开始的“图书馆之城”建设。

再看图书馆业界，开展全民阅读活动已经在国内外图书馆界形成高度共识。《公共图书馆宣言》（1994年版）将开展阅读活动列为图书馆的重要使命，是“公共图书馆服务的核心”之一。国际图联（IFLA）等国际组织的相关宣言、文件，都把全民阅读放到重要和突出的位置。2009年，中图学会出台的《中国图书馆服务宣言》则说得更为明确：“图书馆努力促进全民阅读。图书馆为公民终身学习提供保障，促进学习型社会的建设。”

中图学会阅读推广委员会正在举行会议

正是在全民阅读的潮流下，2006年中国图书馆学会成立了“科普与阅读指导委员会”，2009年换届时更名为“阅读推广委员会”。正是因为深图和深圳市出色的全民阅读工作，2009年笔者当选为阅读推广委员会主任，2016年张岩馆长当选为阅读推广委员会副主任。现在阅读推广委员会已经成为全国图书馆进行阅读推广活动的中坚力量。全民阅读具有重大的社会意义。

弗朗西斯·培根曾有名言：知识就是力量。而知识是什么？知识最为主要的来源就是阅读，或者说，知识的主要载体是文献，获取知识的主要方式是阅读。阅读是人们接受教育、发展智力、获取信息的根本途径，事关整个社会的文化品质和可持续发展能力。所以我们也可以说：阅读就是力量。一个人阅读的力量，决定个人学习的力量、思考的力量、实践的力量；那么所有人阅读的力量加在一起，就决定国家文化的力量、精神的力量、创造的力量。

西方启蒙先驱马丁·路德曾说："一个国家的繁荣，不取决于它城堡之坚固，也不取决于它设施之华丽；而是在于它的公民的文化

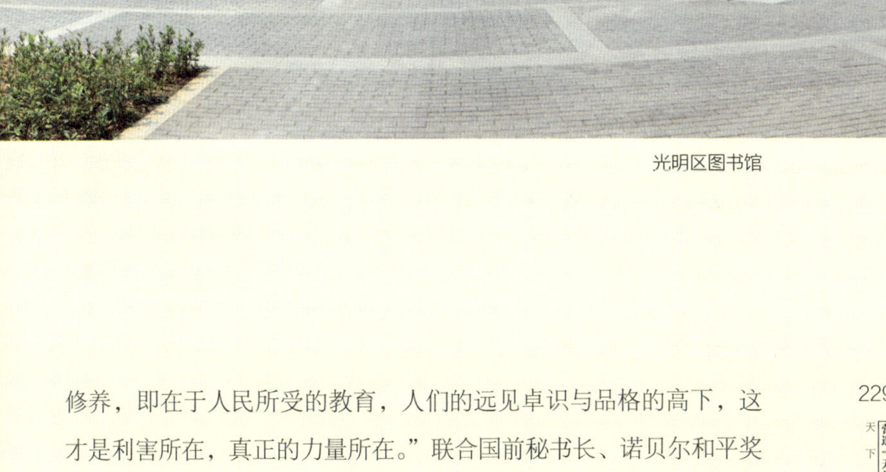

光明区图书馆

修养，即在于人民所受的教育，人们的远见卓识与品格的高下，这才是利害所在，真正的力量所在。”联合国前秘书长、诺贝尔和平奖获得者科菲·安南也有一句脍炙人口的名言：“知识是力量，信息即解放，教育是每个社会和每个家庭发展的前提。”我国著名阅读倡导人朱永新先生曾经这样概括阅读的社会作用：一个人的精神发育史就是他的阅读史；一个民族的精神境界取决于这个民族的阅读水平；一个没有阅读的学校不可能有真正的教育；一个书香充盈的城市才能成为美丽的精神家园；共读共写共同生活才能拥有共同语言共同价值共同愿景。

# 读书的季节

深图和深圳全市的阅读推广活动完整诠释了全民阅读的真谛。

福田区图书馆

深圳市开展“读书月”活动的动议缘起于20世纪90年代，时任市政协委员的深图馆长刘楚材提出了举办全市性读书节庆活动的建议，得到社会各界积极响应。2000年，“深圳读书月”正式成为由深圳市委市政府创立并举办的一项大型综合性群众读书文化活动，时间为每年的11月1日至30日。

深圳读书月秉承营造书香社会、实现市民文化权利的宗旨，以“阅读·进步·和谐”为总主题，着力于提升市民素质，建设学习型城市。深圳读书月每年举办数百项读书文化活动，创出了深圳读书论坛、经典诗文朗诵会、年度十大好书、领导荐书、诗歌人间、中小学生现场作文大赛、书香家庭、赠书献爱心、绘本剧大赛、青工阳光阅读、手机阅读季、海洋文化论坛、温馨阅读夜等许多知名品牌活动。年度参与人次逐年上升，由首届的170多万人次上升至逾千万人次。作为由政府推动的一项公众文化节庆，深圳读书月已经走进千家万户，融入市民生活，成为深圳市民的文化庆典、城市的文化名片和实现市民文化权利的重要方式，影响遍及整个内地和港澳地区。

2013年10月，联合国教科文组织特别授予深圳“全球全民阅读典范城市”光荣称号，以表彰深圳坚持不懈推动国际化建设和全球文化交流合作，尤其在推广书籍和阅读方面为全球树立了典范。

图书馆阅读作为社会阅读的主体，深图在深圳市阅读活动中发挥了独特的作用。

早在深圳读书月活动开始之前，从红荔路老馆时期起，深图就开展了多种多样的阅读推广活动，主要有教育培训、展览、比赛、游园会、读书报告会、交流会等，其中“深圳市红荔赛诗会”“读书

罗湖区图书馆弘法寺分馆

2019年3月开馆的深圳市坪山图书馆（深圳市坪山区委宣传部 供图）

读报演讲比赛”“百位藏书家”等活动社会影响广泛。

2006年中心区新馆开放后，深图充分利用新馆优越的空间环境开展阅读推广活动，形成了南书房、讲读厅、少儿服务区、捐赠换书中心、古籍保护中心、爱来吧、创客空间、艺术设计区、两岸四地法律区、世界文化区、报告厅、深圳学派文献专区等12个各具特色的新型文化空间。

通过开展形式多样、内容丰富的阅读活动，深图吸引各类读者走进图书馆，感受阅读、亲近阅读、爱上阅读。目前已经形成较为成熟、影响广泛的多个活动系列。

### ■ 学术文化系列

有深圳市民文化大讲堂、深圳学人·南书房夜话、“深圳记忆”

文化之旅、“书的故事”图文展、学人著作展、学术百家展、纪录片时间等。

■ 经典阅读系列

有“南书房家庭经典阅读书目”专题讲座、经典诵读、读书沙龙、《论语》今讲、开心学国学、家庭经典阅读书目征文及展览等。

■ 创意思维系列

有“思维之星”——深圳大学生思辨大赛、创客活动、丝书设计邀请展、创业论坛、“书香岭南·悦读生活”摄影及视频创作大赛等。

■ 艺术阅读系列

有深图艺苑、“阅读·深圳”经典诗文朗诵会、周末实验音乐会、经典民乐赏析、民族艺术赏析、创意剧场、走进交响乐、新年音乐会、读剧等活动。

■ 传统文化系列

有“迎新春、送春联”“猜谜语、闹元宵”、传统文化沙龙、汉字文化讲座、中医文化讲座、中医知识竞赛、古籍保护体验和开放日等。

■ 公益培训系列

有少儿暑期公开课、英语研习社、父母讲堂、粤语沙龙、英语

沙龙、英语星期天、摄影沙龙等。

■ 公益法律系列

有民断是非、律师咨询、律师说法、生活与法、法官说法、法律文献推荐及展览等。

■ 阅读关爱系列

有国际盲人节公益活动、视障公益影院、盲人诗歌朗诵会、视障人士励志演讲、视障中医知识竞赛等。

■ 未成年人阅读系列

有绘本半小时、故事小讲堂、小读者开放日、英语故事剧场、少儿卡通时间、小博士信箱、“小贝壳”少儿趣味英语、益智趣味游戏、阅读分享会等。



■ 银发阅读系列

有中老年电脑培训班、中老年书画培训课、中老年摄影培训课等、重阳节文化活动、中老年书画文化沙龙、中老年读者书画展、“乐读”老年读书会等。

■ 现代生活系列

有食品药品安全民生系列讲座、健康生活知识讲座、“深圳百公里”主题系列、廉洁文化系列、行走沙龙、家庭公益沙龙、读书分

罗湖区图书馆——“悠”图书馆



享会等。

■ 数字阅读系列

有“知识·共享——深图数字资源与服务推介”活动、电子资源利用技能大赛、电脑大课堂、“数字资源培训月”系列培训、新媒体阅读体验、网络书香过大年、数字图书馆嘉年华等。

此外，还结合上级要求，配合社会各界，开展了“4·23世界读书日”系列活动、图书馆服务宣传周活动、深圳读书月系列过渡等。

# 筑城

为实现全民阅读的宏伟目标，2003年深圳市率先启动了“图书馆之城”建设，至今已经进入第16年。其间经过“三年规划”“十一五规划”“十二五规划”“十三五规划”的稳步推进和实施，全市各级公共图书馆以“全城一个图书馆”为目标，普惠市民，成为深圳市全民阅读、建设学习型社会的大书房、大平台，也在全国亮出了独树一帜的“深圳模式”。



深圳市公共图书馆历年数量

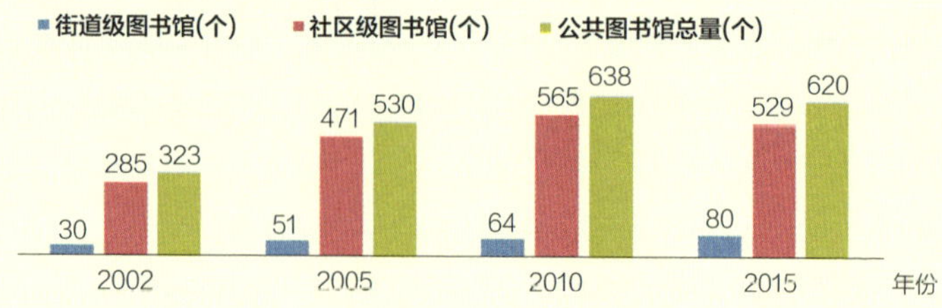


（说明：截至2018年4月，深圳全市共有公共图书馆638个，其中市级图书馆3个，区级图书馆8个，街道等基层图书馆627个，还有284台各类自助图书馆。）

深圳图书馆的读者

这个享誉全国的“深圳模式”又有哪些特点和内涵呢？按照深图同仁们的解析，其独到之处主要有：



■ 以“均等普惠”为价值追求

全民共享，均等普惠，保障公众使用图书馆的权利，是公共图书馆的和核心精神，已在“图书馆之城”建设中生根结果。

■ 以市、区两级公共图书馆总分馆为结构

以深圳图书馆为中心馆和龙头馆，市、区图书馆广泛合作，联合共建；以区级图书馆总分馆体系为主要力量，综合市级图书馆总

南山图书馆育才分馆

罗湖区图书馆

福田区水围社区图书馆

分馆体系建设，建设覆盖全市、互联互通的公共图书馆体系。

参与这个总分馆体制的有市级图书馆3个：深圳图书馆、深圳少年儿童图书馆、深圳大学城图书馆；区级图书馆总分馆体系有8个：宝安区图书馆、福田区图书馆、罗湖区图书馆、南山区图书馆、龙岗区图书馆、盐田区图书馆、光明区图书馆及坪山区图书馆，各区形成了不同特色的公共图书馆网络。

### ■ 以“全城一个图书馆”为发展目标

打造没有边界的大图书馆网。通过“图书馆之城统一服务平台”，实现实体图书馆与虚拟图书馆相结合，推行多层级、跨系统合作，共同推进资源共享和联合服务。

### ■ 以规范化、标准化为持续发展的重要保障

组织业界专家开展图书馆建设、管理的规范化、标准化研究，发布了《图书馆之城建设指标体系研究》等一系列成果，推动全市图书馆事业可持续发展。

### ■ 以服务创新和新技术应用为驱动力

以理念创新为先导，以技术创新与应用为助力，不断推进服务创新与业务发展。在“开放、平等、免费”等先进理念指导下，全面应用RFID技术，研发“城市街区24小时自助图书馆”，创建“深圳文献港”，自主研制“图书馆之城中心管理系统”，打造“智慧图书馆”，均在全国引起重大反响。

十年“筑城”，筚路蓝缕，终于使深圳这座曾经的“文化沙漠”变成了一座书香四溢家园。古人“天下万世共读之”的理想在今天的深圳特区得以实现。

正所谓『**天不变道亦不变**』，图书馆作为一种社会存在，还会**持久地发挥其应有的社会作用**。

# 十一

# 图　书　馆　的　未　来

电脑阅读

今后图书馆会不会消亡，或者像古代藏书楼那样被取代？自兰卡斯特发出“无纸社会”的预言以来，这一问题一直是图书馆从业者挥之不去的困惑，也为广大读书人所关注。

若要知晓图书馆向何处去，先要搞清图书馆由何而来，现代图书馆的本质和存在依据又是什么。

中国现代图书馆的先驱梁启超说过：文献和读者构成了图书馆。

梁启超实际上指出了现代图书馆三个带有根本性的元素：首先是文献，也就是我们现在说的文献资源或信息资源；其次是读者，也就是使用文献的人；最后是图书馆，或者说是馆员，架起了文献和读者之间的津梁。

用当代图书馆学的专业语言表述就是：客观知识（各种文献）、知识受众（使用文献的读者）和知识集合（图书馆），构成了图书馆的基本元素。

只要这些基本元素还存在，只要还有文献（客观知识），还有读者（知识受众），读者还要利用文献，图书馆（知识集合）就会存在、发展，而不会消亡。变化的只是文献的形态、读者的需求，还有图书馆的服务方式及技术手段。

在当前及可预见的未来，文献和读者均不会凭空消失。因此，正所谓“天不变道亦不变”，图书馆作为一种社会存在，还会持久地发挥其应有的社会作用。

数字时代

电脑查询书目

然而，我们正处于一个飞速发展和日新月异的时代。图书馆学大家阮冈纳赞确立的图书馆定律之一就是：图书馆是生长着的有机体。图书馆会发生重大变化，有其必然性。

这里所说的变化，并不是指诸多的“形而下者”，如方法、形态、技术等（这些改变实际上每天都在发生），而是说现代图书馆带有本质性的嬗变。

这种嬗变就是由图书馆初级阶段向高级阶段的跃升，现在正在悄然发生，且已见端倪。

图书馆的初级阶段是传承文明，服务社会，保障公民平等公正地利用知识信息。到目前为止，全世界的现代图书馆都在为此而努力，这个过程还远未完成。

图书馆的高级阶段是创建一个完善的知识信息环境，使读书人乐在其中，自由读取，随心所欲，从容遨游。许多有识之士已经意识到这一点，并积极为之努力。

之所以用“环境”称之，是因为它是无所不在的，其存在与服务都是泛在的。

这个环境包括：有丰富多样的文献信息资源支撑，有各种先进的技术手段提供保障，还有宽敞、舒适、方便的空间作为场所。

这一切的开端是新技术在图书馆的广泛应用，其完成则取决于人文精神的引领，期待其结果会是“大道之行、有器为用”的局面。

让我们拭目以待之，笃挚而行之。

部公共图书馆法；二是依照这部法律于1852年创建了曼彻斯特公共图书馆，人称世界上首座现代意义上的公共图书馆，爱德华
地方。但是《公共图书馆法案》的出台和曼彻斯特公共图书馆的建立，却是公共图书馆诞生的标志，也是西方现代图书馆的历史起点。从此以后，世界上出现了以立法支持为基础、以公共资金为支持、
先行者，被称为“公共图书馆之父”，曼彻斯特公共图书馆创立的1852年被认作是“公共图书馆元年”。从19世纪后期开始，公共图书馆的发展重心转移到了美国。这在很大程度上得益于美国“钢铁大
。在1876—1923年间，卡内基捐赠了5,600多万美元的巨款，在世界各地修建了2,500多所图书馆，其中大部分是美国的公共图书馆。如此天文数字般的巨额捐款和相应的立法措施，使美国的图书馆逐
年，杜威创建了《杜威十进分类法》（DDC），奠定了他的现代图书馆学创始人地位。而后，杜威发起成立了世界上第一个图书馆专业协会“美国图书馆协会”（ALA），创建了世界上第一个正规的图书馆
西方国家涌现出一大批图书馆学家，形成了诸多的学派，改变了以往的图书馆内部类似师傅带徒弟的知识传授方式，使图书馆学由“技能”成为一门“学问”。理念支撑，事业发展，学科形成，三者共同
年，新型的西方式现代图书馆开始传入中国。自1840年鸦片战争后，西方各种舶来的“西洋景”陆续传入中国。但是在其后近半个世纪的时间里，这种传入是被动的和极其缓慢的。中国的上层统治者和
进入了一个新的阶段，中华民族面临着前所未有的“千年变局”。1895年中日甲午战争的失败，使中国的民众，尤其是沉湎于几千年旧传统之中的士大夫们悚然惊醒，有识之士把目光投向了西方，开始
代著名的思想界先驱和维新派主将而闻名于世，但人们可能尚不熟知的是，他还是现代图书事业的主要倡导者、推行者和奠基人。在19世纪90年代新式图书馆观念传入、形成和推广的过程中，梁启超
学堂藏书楼等早期图书馆的创建，晚年还曾担任京师图书馆馆长、中华图书协会首届董事长（董事部部长）。可以毫不夸张地说，梁启超是中国现代图书馆这座“天堂”最初、最得力、最卓著的设计师、
亦不乏合乎历史潮流、经得起历史检验的措施和成果，兴建新型图书馆就是其中之一。就是在这一时期，各地在推行新政的过程中，陆续兴建了一大批公费官办的省一级地方图书馆，使图书馆由“民办
这些新型图书馆的问世，为衰朽的清王朝涂抹了最后几点亮色。舶来品 在此需要澄清的是，虽然中国古代社会中有着异彩纷呈的藏书楼阁和兴旺发达的文献收藏事业，但中国的图书馆是西方思想文
上从头开始的。这里无须做专业化的论证，只举一个例子来说明。“图书馆”这个词借用的是日文“図書館”，是梁启超最先使用的，并很快得到官方和士大夫阶层的认可，形成了社会共识。可以想见
们心目中，图书馆就是个外来的新事物，是不折不扣的“舶来品”。至于公共图书馆，在古老的中国更是个前所未有的新事物。公共图书馆本质上是近现代文明的产物，是近现代社会才出现的民主、民权
和信息的权利。这种社会条件在西方到了19世纪中叶才日臻成熟，而在中国要到19世纪末和20世纪初方见端倪。由此可见，公共图书馆是时代的产物，是在历史大潮中应运而生的，而中国公共图书馆
的武昌文华书院任英语教员。任教之余，韦棣华尝试在文华书院创办阅览室和藏书室，并不断扩大规模。1910年，经过艰苦努力，韦棣华自行筹款创建了一座新的图书馆，取名“文华公书林”。在韦棣华
碑意义。韦棣华这位为中国公共图书馆事业无私奉献一生的美国女图书馆员，被曾任民国大总统的黎元洪誉为“中国现代图书馆运动的皇后”。最好的时代，最坏的时代 公共图书馆这一新生事物在中国
—— 新型图书馆取代旧式藏书机构，成为社会文献收藏的主流；—— 古代藏书思想成为历史，近代图书馆学产生。这一历史性嬗变持续了一个多世纪。时至1986年，深圳图书馆正式建立。当是时也，
然而，自此以后，特区出了个图书馆，中国有了个引领潮流的标志性公共图书馆。“犹有清歌，随风迢递，声在芰荷深处。”在算不上悠长的岁月里，深图为深圳特区，为全国公共图书馆事业，发挥了独
公共图书馆的状况亦如狄更斯所描述，进入了一个最好的时代，也处于一个最坏的时代。说是最好的时代，是中国的公共图书馆事业在20世纪90年代进入了一个空前的蓬勃发展时期。各省市，尤其是沿
貌，成为深圳特区的骄傲和全国标志性的公共图书馆。说是最坏的时代，是这一时期的中国公共图书馆正处于一个发展的瓶颈和拐点。主要表现为人文精神缺失，办馆理念滞后，罔顾公共图书馆的基本
书馆举步维艰，方向迷失，屡走弯路，倍感困惑。深图也未能幸免，这些问题都不同程度地在深图及深圳市各图书馆存在。就在这个最好的时代和最坏的时代，我奉调来到深图。甫到特区，我本充满自
公共图书馆改革的大潮。值得欣慰的是，在这历史的拐点上，深图高举公共图书馆的大旗，拨乱反正，明辨是非，勇立潮头，在历史的大潮中扬帆前进，没有偏离航向，没有辜负历史重托。我个人也藉
提出了图书馆人文精神这个带有根本性原则的办馆方针，在全国率先打出“开放、平等、免费”的旗号，废除了所有的收费服务制度和歧视普通读者的做法，努力办成“真正的公共图书馆”。这在当时是
系，倡导数字文献建设和数字阅读。与此同时，带动全国图书馆共同步入自动化、数字化的新时代。在确立人文精神、掌握先进技术的基础上，我们成功研制了“城市街区24小时自助图书馆”。这一重大
。我们充分利用这一条件和时机，全力打造市民阅读的大书房、继续教育学习的大学校，以及从事文化活动的城市“第三空间”。与此同时，收藏特色资源，传承特区文化，成为全市的文献信息资源中心
相关的公共图书馆理念，介绍我们的一些探索。中国是世界上文献保存数量最多、内容最为丰富连贯的文献大国，藏书楼则是这些文献的载体，是华夏文化的骄子，也是中华文明赖以存在和流传的基本
图，要从文献和文献收藏开始。国是文明古国，也是文献大国。我们的祖先留下的博大精深、丰富多彩的文化遗产，大多是通过各种文献流传至今的。早在中华文明初始之时就出现了文献。甚至在文字
印刷术出现之前，我国早期文献的六种形态：陶文、甲骨文、金文、玉石刻辞、简策、帛书，其中最为多见的是简策和帛书。这是中华文明独到的文献载体，而西方古代文献的三种主要形态是泥版文书
史载，夏朝将要灭亡之时，太史令终古携带典籍“出奔如商”；殷商将要灭亡之时，内史向挚也带着典籍“出亡之周”（《吕氏春秋•先识览》），可见文献在当时的重要地位。关于古代文献的重要性还有
史记•萧相国世家》）从两汉开始，古代的藏书制度就开始成熟，形成了官府藏书、私家藏书和书院藏书三大类型。官府藏书是最早形成的藏书制度。西周之前基本上是“学在官府”的局面，亦称“学
诸子传说，皆充秘府”　（《汉书•艺文志》），从此而形成了一整套藏书收集、整理、编撰、校勘、刻印的制度，历代王朝皆遵守为定制，一直沿袭了两千多年。私家藏书起源于春秋战国时期。先师孔
，随着纸张和印刷术的发明和普及，私家收藏逐渐蔚为大观，出现了许多著名的藏书家和藏书楼。私家藏书保存了大量文籍，培养了社会读书之风，促进了民间学术发展，其历史功绩不可埋没。书院是
义，别具特色。书院藏书可在院内师生中公开借阅，发挥了很大的教育功能。晚清时许多书院改为学堂，其藏书也成为学校图书馆。除了官府藏书、私家藏书和书院藏书这三大类型外，中国古代还有寺
藏书楼和藏书家？据任继愈主编的《中国藏书楼》一书记载，载入此书的藏书楼就达1,000多家，重点介绍的有400多家；载入的藏书家达2,000多人，重点介绍的有800多人。另据《中国图书馆史•古代
图书馆，这一历史变化的过程被称为从藏书楼到图书馆的转变。但是细究起来，将我国古代的文献收藏称为“藏书”更为恰当。藏书是个由来已久的古老的文化现象。《史记•老子韩非列传》称：“（老
代文献收藏的总称，也是前人的一贯说法。例如“建藏书之策，置写书之官”（《汉书•艺文志》），“藏书之盛，莫盛于开元”（《新唐书•艺文志》）等诸多记载，便是例证。至于“藏书楼”一词，则
蜀人号书楼孙家。”这两处唐代的私人藏书，大概就是最早被称作藏书楼的文献收藏了。明清之际，私人藏书进入了鼎盛时代，藏书楼之称便开始风行一时。私人藏书家们往往要将自己的藏书之所标之
书楼”就成了古代各类文献收藏的统称。就是近代问世的一些早期新型图书馆，往往也标之以藏书楼之名，如京师大学堂藏书楼、古越藏书楼、皖省藏书楼等，实际上是借用这一既有的名称来翻译外来
的材料，所以在意大利语中把书店叫Libraria，而法语中则把书店称作Libraries。这个词后来由法语进入英语，就成了Library。而Bibliotheca一词，源自希腊语Biblos，即书籍，由书写材料“纸莎草”（Pap
，中文“图书馆”一词的直接来源出自日文“図書館（ライブラソー）”，最初是由梁启超引进到中国来的。1896年9月在梁启超主编的《时务报》上，首次出现了“图书馆”一词。但是这一新的提法仅
高等教育纲领《奏定大学堂章程》，其中提到：“大学堂当附属图书馆一所，广罗中外古今图书，以资考证”，并规定其主管人为“图书馆经理官”。这是图书馆一词第一次被官方文件所正式采用。《奏定大
名称才开始在社会上通行，其后各地出现的各种新型藏书处所多数都标之以图书馆之名。1909年，京师图书馆（今国家图书馆）奉旨筹建，清政府又随之颁发了《京师图书馆及各省图书馆通行章程》，
是为了澄清这样一个史实：中国古代的藏书、藏书楼与近现代图书馆是两种不同属性的事物；中国的图书馆是西方思想文化传入的产物，亦即“西风东渐”的结果，不是“中华古已有之”的。历史的局
具异彩。但这些因素并不能催生出新型的近现代图书馆。古代的藏书楼至多可以看作是中国图书馆的历史渊源，但不是它的母体和前身。新型图书馆的本质特征是公益性、公共性，其表现就是面向社会
在藏书方面，则是“官守其书”的局面，贵族统治者之外的广大民众是与文化、图书无缘的。春秋末年，孔子通过毕生的文化教育活动，实现了从“学在官府”向“学到民间”的转变，使得众多的平民
二次大变革。唐宋之际，雕版印刷术发明并在全社会普及，促进了书籍的生产和流通，致使文献的收藏和利用水平又大大提高了一步，各种类型的藏书楼骤然增多，这是我国文献收藏史上的第三次大变
能读者，则以一人尽居之；不能读者，则以众人遵守之。入架者不复出，蠹啮者必速补。子孙取读者，就堂检阅，阅毕则入架，不得入私室。亲友借观者，有副本则以应，无副本则以辞，正本不得出密
马(天一阁的创始人范钦)殁后，封闭甚严，继乃子孙各房相约为例，凡阁厨锁钥，分房掌之，禁以书下阁楼，非各房子孙齐至，不开锁。子孙无故开门入阁者，罚不与祭三次；私领亲友入阁及擅开厨者，
是两个典型的例子，类似的严格限制措施在古代为数众多的藏书楼中属于常态，是极为普遍的现象。当然，这种现象的出现和蔓延并不都是藏书家自身的过失，藏书家们集聚、保存图书典籍的苦心孤
全都是守财奴式的角色，也有卓尔不群者。例如明末清初的藏书家曹溶，就曾尖锐批评藏书家“以独得为可矜，以公诸世为失策”的褊狭传统，以致古书“十不存四五”。他写了一部《流通古书约》，倡
于以习其业，传钞者于以流通其书，故以藉书名园”　（周永年《儒藏说》），属难能可贵。然而这样的藏书家在中国古代尚属凤毛麟角，其视野和影响均有限，无法得到广泛的社会认同，其举措也难以
变为新型文献机构的基本机制，不可能成为近现代图书馆的母体，其自身无论怎样发达辉煌，也不会演变为后来的图书馆。只有新型的近现代公共图书馆才能完成向全社会平等开放、提供文献信息服务
会发展的结果。三、新芽萌动——西方现代图书馆的产生及传入中国 西来的蒿矢 时至19世纪末和20世纪初，即我国历史上的清朝末年，“天地和同，草木萌动”（《礼记•月令》），新型图书馆产生的历
的文献形态主要是书写在泥版上的楔形文字，称“泥版文书”。亚述王国时期规模宏大的尼尼微图书馆已为考古发掘所证实。同样历史久远的还有古埃及的图书馆，其收藏主要是纸莎草、皮革等载体的
古代及中世纪的图书馆与我们今天意义上的近现代图书馆是有重大差异的，其中公共图书馆及其理念的出现是重大的分野和标志。尽管“公共图书馆”这一名称在西方古代文明中早已出现，但真正意义
所有成员。新型公共图书馆的产生实际上是社会民主、公民权利、社会平等和信息公正等现代人文意识成熟的结果，也是历史发展到一定阶段才有的产物。19世纪中期的英国首先具备了这样的社会条件
共图书馆的理论奠基人和先行者。在他的努力下，英国下议院于1850年通过了一个法案，授权地方议会为免费图书馆征税。这就是人们常说的世界第一部公共图书馆法，它标志着公共图书馆制度的正式
据政府立法建立，公费支持，免费服务，以及社会成员无区别服务。这些理念堪称经典，为其后各国公共图书馆的建立以及后来《公共图书馆宣言》的产生，奠定了基本的精神内核。在曼彻斯特公共图
保障公民的信息获取权利”。自19世纪后半叶，现在图书馆发展的重心转移到了美国。美国图书馆事业的发达很大程度上得益于卡内基财团的资助。卡内基人称“钢铁大王”，他将自己巨额财富的90%用
读者服务规模急剧扩大，迫切呼唤与之相适应的新理论和新学科。西方现代图书馆的高速发展催生了图书馆理论、观念和图书馆学的诞生。1887年，以美国哥伦比亚大学图书馆管理学校（School of Li
杜威创建了《杜威十进分类法》（DDC），奠定了他的现代图书馆学创始人地位。DDC后来成了世界上最多图书馆使用的现代分类法。如前文所述，除了DDC，杜威还创造了图书馆学史上的多个第一。
称GLS）。GLS的学风和理论追求影响了整整一代图书馆学家，被后人称为“芝加哥学派”。芝加哥学派是一个前后默契的学术集体，其影响力长达半个世纪，代表人物是巴特勒（P. Butler，1886—1953）
早期的美国图书馆学教育更像职业培训，而不是科学知识的传授和科学研究规范的训练。GLS以及芝加哥学派改变了这一状况，他们致力于发展具有高度理性的图书馆学知识体系，从历史、文化和社会
的学术中心。自杜威以来，现代图书馆学一直是美国学者的天下，只有印度的阮冈纳赞成为在世界图书馆界具有广泛影响的图书馆学家。阮冈纳赞（S. R. Ranganathan，1892—1972）生于印度马德拉斯
50多年的图书馆学生涯中，阮冈纳赞撰述了丰富图书馆学著述，其中《冒号分类法》《图书分类导论》《图书馆学五定律》等对图书馆学的发展产生了深远的影响。与芝加哥学派不同，阮冈纳赞具有数
事业发展、学科形成，三者共同构成了基本的构件，图书馆尤其是公共图书馆这个“天堂”，就是在此基础上建造起来的。西方图书馆的历史发展证实了这一点。美国图书馆协会发布了《图书馆员伦理
《公共图书馆宣言》。1949年，联合国教科文组织通过了《公共图书馆宣言》，正式表达了世界文化知识界和图书馆界对公共图书馆的基本立场。概括起来，《公共图书馆宣言》重点向世人阐明了三个
次修订，内容虽然有所补充订正，但其主要精神是一以贯之的。现在通行的为1994年版，其正式名称为“国际图联/联合国教科文组织：公共图书馆宣言（1994）”（IFLA / UNESCO：Public Library M

# 相关附录

图书馆，图书馆的基本理论支撑也从古代社会的"保存人类文化遗产"，上升为"保障公民无障碍阅读自由和平等获取信息的权利"。这些认识现在仍是公共图书馆的核心理念。因此，爱德华兹是现代公
w Carnegie，1835—1919）的贡献。卡内基自幼贫寒，得益于在免费的公共图书馆读书，才有了日后的事业发达，因此对公共图书馆有深厚的感情。后来他将自己巨额财富的90%用于慈善公益事业，其中
，读者服务规模急剧扩大。由此，图书馆在美国等西方国家成为蓬勃发展的事业。事业的飞速发展迫切呼唤与之相适应的新理论和新学科。现代图书馆学的创始人是美国学者麦维尔·杜威（Melvil Dew
图书馆管理学院"，创办了世界上第一份图书馆学专业刊物《美国图书馆杂志》，并出任过哥伦比亚大学图书馆馆长、纽约州立公共图书馆馆长等重要职务，因此杜威享有"现代图书馆事业之父"的美誉。
尤其是公共图书馆这个"天堂"，就是在此基础上建造起来的。西学东渐 西学，亦称西潮，西风。西学东渐是近代中国特有的重要历史现象和发展潮流。现代图书馆也不例外。在19世纪末和20世纪初，
年的巨大惰性，生活在传统的精神世界里，对来自西方的新事物采取蔑视、排斥的态度，大凡遇有新事物，皆以"盖我中华古已有之"来自欺和抵制。19世纪90年代是一个重要的转折点。这一时期西方
变法图强的道路。兴建新型图书馆的思想舆论即在这时开始形成，形成了一股强大的思潮，由此奠定了兴办图书馆的社会基础。在晚清大力倡导兴办新型图书馆的有识之士群体中，梁启超是最为杰出的代
眼光、过人的才华、生花的妙笔，成为当时影响最大、鼓吹最力、思想最深刻、成就最卓著的图书馆理论家和活动家。他多年为兴建西方式的新型图书馆奔走呼号，撰写了大量推动舆论的雄文，还亲自参
图书馆的实体主要兴建于"清末新政"时期，亦即1900年"庚子之变"之后至1911年辛亥革命这一历史阶段。过去人们对于"清末新政"的评价偏于负面，将其说成是清政府苟延残喘、欺骗人民的伎俩
型图书馆事业的基础。这些图书馆大多经受了百年风雨而留存下来，至今仍然是国家图书馆事业的骨干中枢。1909年，京师图书馆（后来的北京图书馆、国家图书馆）正式建立，标志着创建中国现代图书
东渐"的结果，不是"中华古已有之"的。没有哪一座古代藏书楼演变成了现代新型图书馆，也没有哪座现代图书馆是以古代藏书楼为母体继承发展而成的。中国的图书馆从产生之日起，走的便是一条
的名号，从汉代的天禄阁到清代的四库七阁，以及林林总总的私家藏书楼，在传统中文词汇中有那么多风雅典丽、文化内涵丰富的表述，但先驱们却偏偏选用了这个外来的新词语。可见在梁启超和当时
，也是公民社会的标志。公共图书馆的问世，实际上是社会发展到一定阶段才会 结果。公共图书馆的使命，就是从制度上保障民众尤其
女图书馆员韦棣华紧密相关。韦棣华本名玛丽·伊丽莎白·伍德（Mary Elizabeth Wood 韦棣华到中国探望做传教士的弟弟，此后留居
是大学的图书馆，还对武汉三镇的各界民众开放，成为我国最早按 的现代公共图书馆。文华公书林的创建和开放，在我国公共图
其是沿袭千年的藏书制度，带来了一系列的冲击和变化：—— 古代藏书机制逐步衰 数人所利用，转变为公共化、社会化、公益化，形成了
世纪，中国的公共图书馆也沐浴了近百年的风雨，深图不过是个新兴者、后起之秀，论资历只是个小字辈,但却大步跨入后来者居上的发展道路。深图成立之时，也与当年曼彻斯特公共图书馆相类似，并
。"这是一个最好的时代，这是一个最坏的时代。"这是英国大文豪狄更斯在其名著《双城记》中的开篇之语，形象地反映出作者当时所处的英国维多利亚时期的时代特征。在深图创建的20世纪80年代
书馆如雨后春笋般兴建起来，馆舍设备改善，藏书数量增多，读者规模扩大，都是前所未有的。深图就是这一时期的典型代表。作为深圳特区"八大文化设施"之一，深图自问世时起，就以典雅的馆舍
和"区别服务"成为普遍现象，"经营创收"是广为奉行的办馆方针。同时技术与观念滞后，与世界先进图书馆严重脱节，难以实现自动化、数字化图书馆的转型。这些横亘在发展的道路上的障碍就像
出身名校科班，是著名大学的研究馆员（正高职），又有最高文化管理机关的工作经历。然而事实并非如此，所面临的困难，所遇到的挑战，远超我原来的料想。我和深图团队乃至全国志同道合的同仁
不时摇旗呐喊、推波助澜，也不时跻身阵前、甘当马前卒。回想起来，尽管不如意处多多，但还是向深圳人民和全国同仁交上了一份大体令人满意的答卷。概括起来，我们主要做了以下几件具有开创意义
对世界图书馆的发展潮流，我们确立了技术立馆的方针。相继研制开发了"图书馆自动化集成系统（ILAS）"系列产品，率先使用了"无线射频识别（RFID）"技术，创建"文献智能管理系统"，牵头
为全市读者利用图书馆带来了全新的变革和极大的便利，在全国图书馆界掀起了兴办自助图书馆、开展自助服务的热潮，也引起国外同行的关注和仿效。2006年，深图新馆建成开放，成为当时全国馆舍
市民利用图书馆，我们在有关领导部门指导和各区图书馆的支持配合下，全力创建基层图书馆，使深圳成为一座"图书馆之城"。同时大力推进读书活动，打造"阅读之城"。在以下各章里，我会进一步
国古代的文献收藏 博大精深 图书馆的核心资源是文献，其传统社会价值之一就是保存文化遗产，建立文献资源保障体系。文献就是文明的载体，也永远是图书馆工作的重中之重，古今概莫能外。若想
《洛书》《连山》《归藏》这样的以图画符号为主的占卜之书。前人曾这样归纳先秦的文献："书于竹帛，镂于金石，琢于盘盂，传遗后世子孙者知之。"（《墨子·卷八》）此外还应再加上"刻于甲骨"。
pyrus）和羊皮纸（parchment）。有了文献，就有了相应文献收藏制度。根据文献记载和考古发现，商周时期就已经有了"史官"制度，专门从事典籍的编撰、管理与保存。这些史官乃是要职，史官所掌
际，刘邦军队率先攻入咸阳，将领们都去争抢金银财帛，唯独萧何抢先把秦王朝的律令图书收藏起来。日后证实了萧何的远见卓识，"汉王所以具知天下阸塞，户口多少，强弱之处，民所疾苦者，以
是"官守其书"（章学诚《校雠通义·卷一》），文化、教育和典籍均为官府垄断，王朝史官制度即是其表现。从两汉直至明清，官府藏书兴盛繁荣，成为我国古代藏书的主流。史载，汉武帝时期"建藏
变"学术官守"为"学在民间"，打破了"官学合一"的局面。《庄子》载"惠施多方，其书五车"（《庄子·天下篇》），《墨子》称"今天下之士君子之书不可胜载"（《墨子·卷七》），都是当时私人
有教育、研究、讲学和出版多种功能。藏书是书院的重要物质保障。书院源起于唐代，宋代以后尤其发达，明清两朝的书院都超过了千所。书院藏书除购买添置外，还有朝廷赏赐和官员捐献，另外还印
藏，道教有宫观的道藏，后来还有了基督教和伊斯兰教的堂院藏书。这些藏书比较另类，管理上较为封闭，难以与其他藏书融合，就不赘述了。中国古代藏书上下数千年，涌现出大量的著名藏书楼和卓
末，具有代表性的藏书家共有80人，并列有名录。这些藏书楼和藏书家是中华文明的守护者、传承人，也是民族文化的保存与传播的有功之臣。藏书、藏书楼和图书馆 我国古代藏书的场所称藏书楼，
马贞《史记索引》注："藏室史，周藏书室之史也。"这就是藏书一词的最早出处。老子所职掌的周王室藏书室，也是文献记载中最古老的正式的藏书机构，老子就相当于周王朝国家图书馆的馆长。"藏
书楼之称究竟出现于何时，目前似乎还很难确切考定，但不会早于唐宋之际，并且发源于私家藏书。据《新唐书·李邺传》记载："磎好学，家有书至万卷，世号李书楼。"又据《郡斋读书志》载："
称，就是一些没有多少文献收藏的士大夫们，也常常为其书斋取个藏书楼的名号以附庸风雅。这种风气甚至也影响到了官方的藏书，许多皇家和官府的藏书机构也开始仿效民间的藏书楼，冠之以各式
源远流长的历史相反，"图书馆"在中国是个完完全全的外来名词和近代文化现象。图书馆一词，在西方语言中基本上有两种说法，一个是Library，另一个是Bibliotheca。Library源自拉丁语的Liber，意为
后来对于存书的场所，希腊语叫Bibliothek，拉丁语则称Bibliotheca，在德语、法语、意大利语、西班牙语中均用这一词称图书馆，只是在拼法上有些小差别。对于Library或Bibliotheca，中国人最初译为
受，一些早期的近代图书馆仍以"藏书楼"称之者居多，也有的称"书藏""书籍馆""图书院""藏书院"等。从20世纪初年起，使用图书馆一词的文献和机构才开始多了起来。1903年，清政府颁发了
师大学堂藏书楼便改名为京师大学堂图书馆，藏书楼的主管人也由"提调"改称"图书馆经理官"。这是我国第一个采用图书馆名称的正式官方藏书机构。直到1904年，湖南图书馆、湖北图书馆和福建
我国最后确立了下来。需要特别指出的是，韦棣华女士在1910年在武昌文华大学创办Boone Library时译为"文华公书林"，可惜这一准确、精彩的译名后来没有得到广泛应用。厘清藏书、藏书楼和图书
数量最多、内容最为丰富连贯的文献大国，藏书楼则是这些文献的载体，是华夏文化的骄子，也是中华文明赖以存在和流传的基本因素。与世界上任何一种古代和中世纪文明中的文献收藏相比，我国古
属于私人所有，或由皇家、官府等少数人占有，不是"公器"，与社会民众无关，其主要特点必然是封闭或是限制开放、有条件开放。从历史发展看，在古代藏书初兴的殷周二朝，是"学在官府"或"学
能，这是我国文献收藏史上的第一次大变革。东汉以来，纸张发明并逐渐成为图书文献的主要载体，使图书的传抄和普及变得更为容易和廉价，于是社会上官府藏书之外的各种文献收藏开始多了起来，
革，只是增加了社会上图书和图书收藏的数量，却基本上没有改变藏书楼"门虽设而常关"的封闭状态。明代著名藏书家祁承爜的澹生堂藏书楼便是一个典型的例子。祁承爜对自己的子孙及其藏书楼的
瓶，勿归商贾手。（祁承爜《澹生堂藏书约》）不难看出，祁氏对其藏书楼采取的是严格的封闭性管理措施，连子孙、亲友都要受到限制，外人自然就更无缘问津了。而享誉明清两代的藏书楼范氏天一阁
借出者，罚不祭三年；因而典鬻者，永摈逐不与祭。（《宁波范氏天一阁书目序》）藏书楼的图书竟然连子孙都不准入内阅读，已经和守财奴握着金银饿肚皮无异，与文献收藏的本来意义相去何止十万八
千里。归根结底，藏书楼是小生产文化方式的产物，是藏书家的私有财产，不属"公器"范畴，不可能形成面向整个社会的文献信息体制，也不可能承担起服务公众的社会化任务。这是我们不能苛求于
使"古籍不亡"，以免因秘不示人遭湮灭。清代乾隆年间，还有一位学者兼藏书家周永年，大胆提出了"儒藏说"，提倡"天下万世共读之"；还建立了"藉书园"，专门为"穷乡僻壤，寒门窭士"等贫寒
叛逆者，却不能成为新事物的创建人。毕竟古代社会的藏书楼并非社会公有，皇家和官府藏书向读书人开放是官家的恩赐，私人藏书惠及乡里则是义举，不是其应有的社会职能和历史使命。据此不难得
藏史上第四次、也是迄今为止最为重大的一次变革。变革的结果便是旧式藏书楼寿命的终结，新型图书馆历史的开端。中国新型图书馆的源头在西方，但是创建中国现代图书馆的主角是中国人自己，是
史条件，就是西方现代图书馆思想的传播。当今包括深图在内的所有中国图书馆,其发源都在这一时期。西方图书馆的历史悠久，可以追溯到西方文明的早期。早在公元前4000年左右，美索不达米亚平原
马时期，图书馆已经普及，亚里士多德的学园图书馆名噪一时，著名的亚历山大图书馆兴盛了几百年之久，甚至在雅典、罗马等大城市中还出现了对部分市民实行某种程度开放的公共图书馆。西方图书
现于近现代社会，是社会发展到一定阶段的产物。此前，所有的图书馆，包括一些冠之以公共图书馆名义的图书馆，都有特定的服务对象，或是皇家成员、达官贵胄，或是神职人员、学院师生，或是有
公共图书馆成立。曼彻斯特公共图书馆是世界上首座现代意义上的公共图书馆，它的问世是公共图书馆诞生的标志，也是西方现代图书馆的历史起点。如前文所述，当时英国有一位名叫爱德华兹的图书
馆就是依照此法率先建立的，爱德华兹出任了首任馆长。因此，可以说公共图书馆是在近现代公民社会建立的过程中应运而生的。爱德华兹和曼彻斯特公共图书馆为后世留下了有关公共图书馆的基本
世纪后期至20世纪初期，欧美各国公共图书馆迅速兴起，出现了一大批以立法支持为基础、以公共资金为支持、对市民完全免费开放的公共图书馆。从此，图书馆发展的理论支撑从古代和中世纪的"保
相当部分捐赠给了图书馆。在1876—1923年间，卡内基捐款5,600多万美元的巨款，在世界各地修建了2,500多所图书馆，其中大部分是美国的公共图书馆。美国的图书馆事业由此而形成规模，图书馆事业
a University）的建立为标志，出现了正式的图书馆学教育制度。图书馆活动从一种社会"职业"向一种科学"专业"过渡，或者说从"工作"变成了"学问"，这个专业或学问就是图书馆学。现代图书馆
图书馆学不断发展进步，涌现出众多的学者和学派，不一而足。这里仅以美国芝加哥学派和印度阮冈纳赞为例。1928年，芝加哥大学成立了一所具有博士学位的图书馆学院（The Graduate Library School
Shera，1903—1982）。自从杜威在哥伦比亚大学创办图书馆管理学院后，改变了以往的图书馆内部类似师傅带徒弟的知识传授方式，这是图书馆学发展史上的重大进步。但受到当时各种条件的限制，以及
的哲学问题，同时也以社会科学中的实证方法或思辨方法研究图书馆问题，并以此挑战经验图书馆学。这是20世纪图书馆学最为重要的变革，即理性主义的兴起。在20世纪60年代之前，芝加哥学派是
校数学系，曾任数学系副教授。1924年阮冈纳赞出任马德拉斯大学图书馆馆长，担任这一职务直至1944年，其间曾赴英国学习图书馆学，后来还担任过印度大学图书馆馆长、德里大学图书馆学教授、
民族特有的思维习惯，使图书馆学更加理性化，逻辑严密，并且可加以证明。譬如他关于图书馆学五定律的理论，就是从数学家的审美观出发，不满于经典图书馆学的经验描述，从而阐发的新理论体系
书馆权利宣言》（1939年），使得现代公共图书馆的理念日渐深入人心，逐渐成为世界各国人民所普遍接受的普世通则。1948年，联合国大会通过并颁布了著名的《世界人权宣言》，其中关于人人享有信息
现代民主政治的产物，也是民主制度的保障和民主信念的典范；二、要立法保障公共图书馆事业发展，完全或主要由公费支持；三、对社区所有成员实行平等的服务，全部免费开放。《公共图书馆宣言》
书馆宣言》的问世是世界图书馆发展史上的重大事件。它既是有关公共图书馆思想理论的集大成者，又是指导现代图书馆建设的利器，对世界各国公共图书馆的发展起到了重大的推动和指导作用。先驱

# 公共图书馆宣言

国际图联/联合国教科文组织（1994年）

社会和个人的自由、繁荣与发展是基本的人类价值。只有充分知情的公民具备了行使民主权利和发挥积极作用的能力，这些价值才能得以实现。公民对民主的建设性参与及民主的发展，依赖于良好的教育以及对知识、思想、文化和信息自由且不受限制的利用。

公共图书馆是其所在地区的知识入口，为个人和社会团体的终生学习、独立决策和文化发展提供基本条件。

本宣言宣告：联合国教科文组织坚信公共图书馆是教育、文化和信息的有生力量，是孕育人类内心和平与精神财富的重要机构。

联合国教科文组织因此鼓励国家和地方政府支持并积极参与公共图书馆的发展。

## 公共图书馆

公共图书馆其所在地区的信息中心，为用户提供便于获取的各种知识和信息。

公共图书馆的服务以平等利用为基础，不分年龄、种族、性别、宗教信仰、国籍、语言或社会地位，向所有的人提供服务。公共图书馆须为那些因任何原因不能利用常规服务和资料的用户，如小语种民族、伤残人员、住院人员、或被监禁人员，提供特殊的服务和资料。

所有年龄的群体都能找到与其需要相关的资料。除传统资料外，还应包括各种适当载体和现代技术的馆藏服务。高品质、适合当地需求和条件是基本的要求。资料必须既反映社会的当前趋势和进展方向，又保留人类奋斗和想象的历史记忆。

馆藏和服务不应屈服于任何形式的出于意识形态、政治主张或宗教信仰的审查制度，也不应屈服于商业压力。



## 公共图书馆的使命

以下重要使命与信息、读写能力、教育和文化相关，是公共图书馆服务的核心：

1. 从小培养和加强儿童的阅读习惯；

2. 既支持各级正规教育，又支持个人教育和自学教育；

3. 提供个人创造性发展的机会；

4. 激发儿童和青年的想象力和创造力；

5. 加强文化遗产意识，提高对艺术、科学成就和创新的鉴赏力；

6. 提供各种表演艺术和文化展示的途径；

7. 促进跨文化的对话，鼓励文化的多样性；

8. 支持口述传统；

9. 保证民众获取各种社区信息；

10. 为地方企业、协会和利益团体提供充足的信息服务；

11. 推动信息能力和计算机素养技能的发展；

12. 支持和参与针对不同年龄层展开的读写能力培养和计划，必要时主动发起此类活动。

## 经费、立法和网络

公共图书馆应遵循免费原则。建立和维护公共图书馆是地方和国家当局的责任。公共图书馆必须受到专门立法的支持，必须由国家和地方政府提供经费。公共图书馆应该是所有文化、信息提供、读写能力培养和教育相关长期战略的重要组成部分。

为确保全国范围的图书馆协调与合作，立法和战略规划必须定义并推动一个基于公认服务标准的国家图书馆网建设。

公共图书馆网的设计必须对其国家图书馆、地区图书馆、研究图书馆和专业图书馆，以及大中小学图书馆的关系加以考虑。

## 运作和管理

必须阐明清晰的政策，以定义与社区

需求相关的目标、优先权和服务。必须有效地组织公共图书馆并保持运作的专业水准。

必须确保与诸如地方、区域、全国以及国际用户团体和其他专业人员等相关伙伴的服务。

公共图书馆服务必须能为社区所有成员确实利用。这需要有选址合理的馆舍、良好的阅读和研究设施，以及相应的技术和方便用户的开馆时间。同时还要为不能到馆的读者提供馆外服务。

图书馆服务必须适应农村和城市社区的不同需求。

图书馆员是图书馆用户和馆藏资源之间的能动中介。为保证充分的服务，图书馆员的专业教育和继续教育必不可少。

必须提供馆外服务和用户教育计划，以帮助用户从所有资源中获益。

### 宣言实施

联合国教科文组织特此强烈要求世界

各个国家和地方的决策者、全球图书馆界实施本宣言中所阐述的各项原则。

此宣言与国际图书馆协会和机构联合会（IFLA）合作制定。

（译文选自：程焕文，张靖《图书馆权利与道德》，广西师范大学出版社，2007年版）

# 图书馆服务宣言

（中国图书馆学会七届四次理事会2008年2月15日通过）

图书馆是通向知识之门，它通过系统收集、保存与组织文献信息，实现传播知识、传承文明的社会功能。现代图书馆秉承对全社会开放的理念，承担实现和保障公民文化权利、缩小社会信息鸿沟的使命。中国图书馆人经过不懈的追求与努力，逐步确立了对社会普遍开放、平等服务、以人为本的基本原则。我们的目标是：

1．图书馆是一个开放的知识与信息中心，图书馆以公益性服务为基本原则，以实现和保障公民基本阅读权利为天职，以读者需求为一切工作的出发点。

2．图书馆向读者提供平等服务。各级种类图书馆共同构成图书馆体系，保障全体社会成员普遍均等地享有图书馆服务。

3．图书馆在服务与管理中体现人文关怀。图书馆致力于消除弱势群体利用图书馆的困难，为全体读者提供人性化、便利化的服务。

4．图书馆提供优质、高效、专业的服

务。图书馆充分利用现代信息技术，提高数字资源提供能力和使用效率，以服务创新应对信息时代的挑战。

5. 图书馆开展信息资源共建共享。各地区、各类型图书馆加强协调与合作，促进全社会信息资源的有效利用。

6. 图书馆努力促进全民阅读。图书馆为公民终身学习提供保障，促进学习型社会的建设。

7. 图书馆人与一切关心图书馆事业的组织和个人真诚合作。图书馆欢迎社会各界通过资助、捐赠、媒体宣传、志愿者行动等各种方式，参与图书馆建设。

**中国图书馆学会**

（http://www.lsc.org.cn/contents/1260/2029.html）

# 访谈录（摘要）

顾晓光
（《数字图书馆论坛》执行主编）
吴晞
（深圳图书馆前馆长，中国图书馆学会常务理事、阅读推广委员会主任）

1979年第一期的《图书馆学通讯》（《中国图书馆学报》的前身），曾刊载了一篇后任文化部图书馆司司长杜克先生的《我国图书馆网建设初探》。文中列举了美国俄亥俄州有600多个分馆和90多辆汽车图书馆，"平均2,500人一个分馆"，作者同时提出，"但在我国，我认为却不能走由大型图书馆广泛建立分馆这条道路" 。

时隔三十多年，再看这篇文章，我感觉它并非已故前辈的妄言或者缺少高瞻远瞩的视野，而是当时百废待兴的中国之真实反映。在全球化和信息化的背景下，在我国国力整体增强的支撑下，中国的图书馆界近年来成绩斐然。成绩的背后，是众多图书馆人的不懈努力。

深圳图书馆原馆长吴晞先生即为其中有代表性的一位。他在任深圳图书馆馆长14年间，将深圳图书馆由一个新兴城市的小馆变成了"图书馆之城"宏大规划的龙头馆。目前，深圳"图书馆之城"已拥有600多家图书馆和200台城市街区24小时自助图书馆，这在改革开放之初的中国是很难想像的。

吴馆长是图书馆技术应用的有力推动者。无论是RFID还是自助图书馆，深圳图书馆都走在全国的前列。RFID在全国应用越来越广泛的同时，自助图书馆却得到了业界同行的一些争议。作为自助图书馆项目的第一负责人和专利发明人，即使自助图书馆在深圳的使用情况甚好，吴馆长也仍能理解这些不同的观点，更不赞成在全国盲目地推广。

他认为深图较多的技术开发和应用是不得已而为之，这与深图的文化和历史积淀较弱有关。这位有着很高人文素养的管理者和学者，将自己的人文情怀用在了服务上，除了以技术应用促服务，同时还在全国率先提出了“开放、平等、免费”的理念，“服务立馆，技术强馆”。

在开放的服务理念中，他也在思考诸多业内焦点事件后的“民粹主义”思潮。图书馆不能刻意去迎合普通大众，某些看似创新的服务实则为办馆方针的错位及对文明遗产和知识传承的漠视和无知。

他特别强调不能忽视图书馆的教育职能。联合国教科文组织《公共图书馆宣言》中指出：“公共图书馆为个人和社会群体进行终身教育、自主决策、文化发展提供了基本条件。”他认为我们还没有完全发挥出开启民智的作用。在教育职能中，阅读推广是重中之重。

作为中国图书馆学会阅读推广委员会主任，他认为图书馆是社会阅读的主体，阅读推广工作要引导缺乏阅读意愿的人，训练不善于阅读的人，帮助有阅读困难的人，提供所有人阅读的便利。“目前还没有任何社会机构在阅读这一功能上可以取代图书馆。”

吴馆长热衷于图书馆学基础理论的研究。他认为理论的研究推动了我国图书馆多年来飞速的发展。他发起创立了“公共图书馆研究院”和创办了《公共图书馆》学术期刊，这也符合他以“研究先行”为圭臬的一贯思路。

他同时认为我国理论的研究和事业的发展是西化的影响使然，不能忽视外来思想的作用。无论是技术的应用还是理念的更新，我们需要向国外学习的地方还有很多。

杜克先生的这篇文章刊出时，正值吴馆长刚刚进入北京大学求学，“文革”后的那一代大学生意气风发，以天下为己任。他们见证和参与了中国图书馆的发展，他们对于中国图书馆的贡献担得起这个社会和时代给予的期冀和信任。

他因为身体原因，于2012年辞去了馆长一职，虽退离管理岗位，却也难做“无怀氏”和“葛天氏”之民，并不得闲。他还要接着完成手头的国家社会科学基金课题，履行几个职位的责任。心系图书馆是他不变的情怀。

顾晓光：请您回顾一下在北大学习和工作的情况。是什么原因，让您下决心南下深圳，担任一个新兴城市的图书馆馆长？

吴晞：现在的青年人很难想象我们这一代人在青少年时期肚皮和精神双重饥饿的情景，这种饥饿已经成了我们终身的心结和阴影。

记得当年在河北省做插队知识青年，只有十六七岁年纪。我们这些人就像是一群觅食的老鼠，到处寻找有字迹的东西读。在村里找到一本没头没尾的旧县志，现在回想应该是清末同光年间的刻本，我们就如饥似渴读了起来，以至于至今我还能清楚记得该县从古至今都出了哪些夫死几十年誓不改嫁的贞洁烈女。

就是对这种读书的追求，使我考上了北大图书馆学系。1978年高考，我的成绩名列前茅，当时是先公布分数后填报志愿的，本来选择余地很大，但还是毫不迟疑地将北大图书馆学系（现为信息管理系）作为第一志愿。上学后，发现很多同学都有共同的想法，可见要读书是我们一代人的共同愿景。有个同学说：此生有饭吃，有书读，足矣！颇得大家共鸣。当然，读了图书馆学，做了图书馆员，才明白图书馆工作和个人读书是两回事，这是后话了。

顾晓光：我特别钦佩77、78级的大学生，这些人的求学背景和经历在古今中外都是少见的。

吴晞：我们这几届毕业生的共同特点就是踌躇满志，以天下为己任，还带有几分狂狷和自不量力。记得毕业时一次聚会，有位女同学说：中国现代战争实际上就是黄埔军校的同学们在互相打仗，我们就是“黄埔一期”，今后图书馆的天下就是我们的！大家为之喝彩。虽是书生之见，但却难得一腔书生意气。

我毕业之后留校工作，工作、家庭都很顺利美满，我的中级、副高、正高职称都是未到年限破格提拔的，颇得领导和同事的器重和认可。1996年调到文化部图书馆司任文献资源处处长，后来才知道，让我这个未经行政任职阶梯的人直接出任正处长，也是一种破格待遇。

1998年，深圳图书馆（以下简称“深图”）沈迪飞老馆长面临退休。沈馆长曾在北大任课，是我的老师，他推荐我接任馆长。深圳市文化局也希望找一位既是内行、又有行政经验的人接替馆长，于是就发函商调。当时我也颇为犹豫，因为我的家人和父母都在北京和天津这两个城市，北京又是我的出生地和事业起步的地方，确实有些舍不得。最后还是事业心占了上风，人生苦短，难得几回搏，应该在有生之年多做些力所能及的事情。

**顾晓光**：深圳市委市政府提出建设“图书馆之城”已有10年的时间了，你们取得了很大的成绩。您如何看待这10年的工作？

**吴晞**：我到深图任职前，对自己的专业能力还是信心满满的，以为自己是科班出身，又在国内一流图书馆工作多年，图书馆的十八般武艺都拿得起。但跻身公共图书馆后，发现差距还是蛮大的。

这个差距，首先不是我个人的差距，而是我们整个图书馆界的差距。我们的教科书、理论研究乃至公共图书馆界自身，都缺乏对公共图书馆的整体认识，没有令人满意的研究成果，更没有落实到公共图书馆的工作上。其实这个问题在国际上早已有共识，从《公共图书馆宣言》到IFLA等国际组织早就有一系列的定论，我们的公共图书馆却大多懵懵懂懂，一团乱象，政府管理部门也是政策错位。当时盛行“以文养文”，经营创收，提倡增加“造血”功能，实际上就是想方设法乱收费。对群众办证、借书设立了重重门槛，把读者分为三六九等，就像个衙门。深图在全国算是做得好、问题少的，但也不能免俗，职工奖金和本部门“创收”挂钩，全馆上下都在一门心思搞钱。

这种乱象在21世纪初年才开始好转，直至2012年文化部、财政部发文禁止图书馆、博物馆等公益文化场所收费，才算终结了全国公共图书馆以服务“创收”的局面。在这个历史进程中，深图起到了为天下先的作用，这是我为之自豪的。

早在1998年就职深图之初，我就写了《图书馆与人文关怀》一文发表在《图书馆》杂志，呼吁图书馆人文价值观，介绍国际先进理念，抨击图书馆服务不平等、滥收费等不正之风。21世纪初年，国内理论界开始倡导图书馆的核心价值观，反对一些不合理的政策和做法，我也摇旗呐喊，推波助澜，撰写了《天下之公器》等一系列文章，力图在理论观念上拨乱反正。2006年，深图新馆开馆，我们借此良机，大张旗鼓提出了“开放、平等、免费”的口号，在全国首先做到了服务全部免费（与我们几乎同时实行全部免费的还有杭州图书馆）。当时我们这样做还是有不少压力的，因为没有明确的政府政策，许多公共图书馆还要靠收费过日子，难免要说我们“饱汉不知饿汉饥”“站着说话不腰痛”，但是也得到了图书馆界有识之士和市民读者的热情支持和赞誉，使我们得到鼓舞。

深圳的“图书馆之城”是全市图书馆事业发展的一个亮点。作为公共图书馆的一个特点，就是要面向基层，面向大众，面向弱势群体，“图书馆之城”建设体现了这种精神。现在全市通过考核达标的基层图书馆已经有600多家，深图还牵头建成了

"深圳图书馆之城统一应用平台"，把全市图书馆联为一体。这样的规模水平在世界上也是领先的。这项大工程得到市政府的大力支持和全市图书馆界同仁的一致参与，使全市人民因此而受益。

还有一项惠民的工程就是开发研制"城市街区24小时自助图书馆"，我们是将其作为"图书馆之城"的组成部分来进行建设的。现在全市投入服务的自助图书馆已达200台，深受市民欢迎。

曾有学者指出，21世纪中国图书馆有两大成就，一是各种新技术在图书馆应用，极大改变了图书馆的面貌；二是公共图书馆免费开放，实行均等公益的方针。我深以为然。然而，新技术应用是技术领域、主要是IT界的引领，我们不过是跟在后面跑。所以说，近年来国内图书馆界最大的成果应该是公共图书馆界的变化，实行了开放、平等和免费的服务。回顾这一历史性转折，我和深图团队始终站在了潮头，在理论上、实践上冲锋陷阵，颇有成就感。

**顾晓光**：深圳作为改革开放的前沿城市，也是受惠很大的一个城市。经济繁荣促进文化的发展，虽然有些人说深圳是"文化沙漠"，但通过经济的投入，在文化的某些方面，比如图书馆，深圳是不是走在全国的前列？

吴晞："文化沙漠"是有些刻薄了，深圳的文化发展还是很快的。但深圳是一座文化底蕴很薄弱的城市，且不要跟北京、上海比，就是和广州比，也有很大的差距。虽然我们做了很多事情，包括我们在图书馆方面也做了很多努力，但文化建设需要很长时间的积累。

拿深图来说，我们硬件条件是走在全国图书馆前列，我们在尽可能的条件下所做的一些工作，确实也走在全国前列，比如建设"图书馆之城"、促进基层图书馆发展、开发并使用自助图书馆等新技术应用等方面。但如果作为一个好的图书馆，深图以及众多深圳地区的图书馆还有很大的差距。

顾晓光：这个差距主要体现在哪些地方？

吴晞：文化积淀不够。我们八十年代之前的图书收藏很少。以前，我们班子开会争论是否收集古籍，丰富馆藏。多数意见是不收集，买一些复印本或者通过数字化方式获得就可以，满足读者使用。虽然我本人对古籍很感兴趣，但也没有坚持收购古籍。

我们之所以在技术的开发和应用上做得较多，实际上有不得已的原因。如果藏有大量古籍、镇馆之宝，我们会有很多事情可做；没有这些，我们只能想办法在技术上走在别人前面。如果我做其他图书馆馆长，也许不会走这条路，有很多办馆的方针可以让图书馆长久发展。

顾晓光：有人提出“图书馆促进社会发展，图书馆接受技术挑战”的论题。“挑战”这个词很直接，我想到图书馆学作为一个学科，有诸如分类、编目的看家本领，但技术的发展使得我们学科的这些看家本领越来越弱势化了，使得图书馆的技术应用有越来越多非本学科独有的趋势。您觉得这种现象以后会不会更加明显？

吴晞：这也是很无奈的，连我们系里的名字都改成信息管理系。改名的时候，我还在北大。当时我很反对，觉得把学科给改没了。这从根本上将专业往技术上靠了，依赖技术发展来建立学科，学科立足之本的东西丢掉了。这带来什么后果呢？首都图书馆倪晓健馆长讲过一个事例，在搜索引擎上敲入“信息管理”一词，一万条之后也找不到图书馆。我们图书馆招聘的时候，投递简历中符合“信息管理”专业条件的有学硬件、软件、电子商务的，就是没有图书馆学背景的，搞得我们哭笑不得。

但学科发展到今天，离开技术是不可能了。我们深图也是紧跟技术发展的。但图书馆学是一个人文社会学科，不能离开“以人为本”，不能为了技术而技术。

**顾晓光**：深图是国内进行新技术应用的典范，无论是ILAS还是RFID（无线射频技术）、自助图书馆等，但您以前说过“图书馆的本质是人文的，在过去和将来，它都不是什么科技产物”，刚才又谈到“不能为了技术而技术”。在技术大力推动图书馆发展的今天，技术和人文的争论中，人文又能如何去引领技术的进步？

**吴晞**：深图开始研制开发ILAS的时候，我还在北大供职。记得当时（1980年代末和90年代初）曾由学校牵头，北大图书馆和计算机所合作，先后成立过两个图书馆自动化课题组，我都是课题组成员。在我们课题组里，那些搞计算机技术的专业人员是不大看好深图ILAS的，认为他们技术上是小儿科。结果，我们其他的项目或是无疾而终，或是通过鉴定后束之高阁，从未得到真正应用，而ILAS却在全国有了四千多用户，还走向了海外。

我到了深图之后，才认真面对这个问题。ILAS是文化部支持的项目，从一开始就立足于推向全国图书馆，为图书馆自动化服务，迅速实现产业化，而不是刻意在技术上取得什么成就或突破，追求什么成果。这一策略被证实是十分成功的。且举一个非技术性的例子。当时国外通行的图书馆自动化软件主要是美国的INNOPAC，售价超过30万美元，每年的维护费用还要2万美元。这个价格实际上超出了当时国内几乎所有图书馆的承受能力。而ILAS的售价最低只有5,000元人民币，因此被广泛接受。仅仅这一点，就可以说ILAS的问世使中国图书馆的自动化提前了10年到15年，因为只是近10年左右国内各大图书馆才有财力陆续使用国外的系统。

我们做公共图书馆的，时刻要有人文关怀的理念，而不是本末倒置，技术成就高于一切。再举一个我个人的例子。90年代初期，我在北大图书馆供职，当时我们经过努力，宣布取消原有的卡片目录，全部采用机读目录（MARC）。这在全国高校图书馆是首家，我们都很以此为荣耀，当时在国内图书馆界也是一件重大的事情。不久后我到美国出访，得知了另外一个故事：在美国的一家大学，当时也曾计划取消卡片目录，但是因为有几位教授从不肯使用电脑，图书馆最后决定卡片目录依然保留。两种做法，反映了两种态度、两种考量。这里且不说保留卡片目录的是非对错，毕竟现在图书馆大多已经不再使用卡片，但是美国这家大学的出发点无疑更具有人文关怀的精神，而不是技术至上主义，不是为技术而技术、为现代化而现代化。这正是我们所缺乏的。

正是基于这种考量，深图研制开发了“城市街区24小时自助图书馆”。对于这个项目的研制和使用，业界也有不少争议，有人认为我们采用最先进的技术手段，却用于最传统的纸本书刊借阅，不能体现图书馆的发展方向。对此我不能苟同。现在自助图书馆每个月借还书量接近200万册次，还有1—2 万册次的预借量。这说明我们的自助图书馆相当于一个中等以上规模的图书馆，而且是深受市民关注和欢迎的图书馆。这样的利用效益，又有多少潜移默化、润物无声的社会影响，这才是我们应该追求的。

曾有一位女市民动情地对我们的工作人员说，自己在深圳发展不顺利，正在考虑回老家，但使用了自助图书馆这样便民的服务设施，就改变主意不走了，留下做一个深圳市民。自助图书馆项目问世后得到过多次领导表彰和各种奖项，包括胡锦涛总书记的赞扬和文化部颁发的最高荣誉“文化创新奖”和“群星奖”。但这位女市民的赞许却更令我们倍感荣耀，让我从中切实感受我们做了图书馆应该做的事情，尽了我们的社会责任，体现了图书馆的社会价值。



**顾晓光**：“以人为本”的理念现在还在坚持吗？

**吴晞**：当然。公共图书馆比较独特，它是一个社会公益文化机构，不能离开为公共服务这个原则。我们建深图新馆时，有人提过一个方案，一进大厅便有大量电脑进行多媒体展示，能够让大家感受新技术的魅力。这个想法很好，但我还是反对。我们不能摆出一副吓唬人的架势，要让老百姓感到很亲切，有文化的可以来，没文化的也可以来；骄傲的可以来，自卑的也可以来。它对民众要有亲和力。当时，深圳有位书法家送我们一幅字：谈笑有鸿儒，往来无白丁。我说这不行，既欢迎鸿儒，也欢迎白丁，尤其要加强白丁的服务。本来书法家很得意，觉得很高雅，但我们觉得不能充高雅，要特别面对那些弱势的、没有多少途径阅读的群体。他们很依赖我们，我们也要吸引他们来，这才是我们应该做的事情。

**顾晓光**：您在2000年时，曾经说过“公共图书馆要不要建成研究型的图书馆，这是个有争议的问题”，并提出“我们（深图）必须担负起研究图书馆的使命”。经过10多年的发展，您认为深图在推行研究图书馆战略上有哪些经验？

**吴晞**：从数量上看，全国县以上公共图书馆有三四千家，大多是基层图书馆，这些图书馆要不要办成研究型图书馆，我不能肯定；可以肯定的是，像深图这样的大型地区中心型公共图书馆，是一定要担负起研究图书馆的使命的。

我多次说过，在当今社会，要进行某种程度的研究，或系统学习掌握一门知识，就要学会利用图书馆这个最好的场所，因为只有图书馆才具有完备的文献体系和系统的文献服务。人们常说“站在巨人肩膀上”，这个“肩膀”就是前人的成果，就是文献，就是图书馆。

举例讲，如果某一学科或专题的有关文献有100篇，其研究者或学习者至少要掌握其中的80篇，还不能遗漏核心文献，才算得上有起码的了解，才算入门。哪里去找这80篇文献呢？社会上只有图书馆才能提供这样的文献保障。书店能否完成这样的功能呢？不能。书店只能提供当年及近年的新书，甚至只是有销路的新书，不会系统地按照学科、专题来收集和积累文献，也不会提供卖不出去的书刊。上网浏览检索固然可以获得大量信息，但属未经筛选，垃圾信息充斥，个人往往没有能力甄别利用。凭借个人的收藏和私人途径能否建立起这样的文献保障体系呢？应该承认，历朝历代的私家藏书曾经起到过非常积极的历史作用，为文化传承、文献保存和文献研究作出过不可替代的重大贡献，许多重要的学术成果也是以此为依托完成的。

但毕竟时代不同了，藏书家的时代已经过去了。远在两千多年前的古代社会，对文献数量最为夸张的形容不过是“学富五车”“汗牛充栋”。即使当时的文献总量如此有限，孔子还要“问礼”于“周藏室”（周王朝的国家图书馆），亚里士多德还要借助“学园图书馆”。可以说，面对今天的出版量和社会信息量，凭借个人的力量已经不可能建立起完备系统的文献收藏，只能依靠社会化的分工，也就是依靠图书馆及其他社会文献机构。这就如同生病要找医生，上医院，寻求专业帮助，靠个人买些感冒胶囊之类的只能对付一些头疼脑热的小毛病。

进入网络化、数字化时代之后，图书馆独特的、不可替代的社会作用非但没有减弱，反而更加强化、更加突出了。图书馆为我们提供了丰富实用的数字资源，图书馆收藏和提供各种的数据库，如同图书馆的藏书一样，是经过精挑细选和专业化整理揭示的，因此是最重要、最实用、最具价值的信息资源，而且大都是免费提供使用的。无论是普通读书人，还是读书治学者，图书馆数字资源都是基本资源和首要选择。

特别要指出的是，即使你所在的图书馆数据库不够齐备，使用者另有需求，现在图书馆大都可以通过各种图书馆协作关系和资源共享平台，联系利用其他图书馆的数据资源，这些服务都是无偿提供的。以深圳为例，深图和深圳大学城图书馆、深圳大学图书馆这几家本市数字文献收藏最为丰富的图书馆一起，建立了“深圳文献港”，可以相互利用各自的馆藏数字资源；而大学城图书馆又是CALIS成员，我们也可以利用这个平台的文献。此外，我们和内地各大图书馆、港澳地区图书馆及国外文献机构都有各种各样的业务关系，可以实时利用他们的数字收藏。这样一来，“研究型公共图书馆”的门槛就大大降低了，许多具备条件的基层图书馆也同样可以开展研究型服务。

建立在数字文献基础上的研究型图书馆的好处是不言而喻的。有个历史学研究者就说过，只要学会利用各种数据库，每个研究者在占有资料上都可达到陈寅恪先生的水平。这是深得个中三昧者之言，也给公共图书馆发展提供了方向，就是在数字图书馆的基础上建设学习型、研究型图书馆。

顾晓光：我们图书馆学专业中在不同时期出现过“整理说”“要素说”“机构说”等理论，到后来周文俊老师提出“文献交流”的思想，图书馆学的研究经历了很大的变化。新世纪以来，很多人开始认同一个图书馆作为公民“第三空间”的观点，图书馆利用物理空间和馆藏资源的优势，来建立一个文化氛围的场所。在传统文献资源的利用日渐式微的情况下，图书馆越来越多地利用非传统图书馆的服务方式来进行服务，甚至有去纸质图书化的趋势。在图书馆独有物理空间优势的情况下，我们的图书馆还是图书馆吗?

吴晞：你这是两个问题。一个是基础理论。我深深感受到21世纪的基础理论有了更为深入的研究，比如2005年湖南《图书馆》杂志推出的“21世纪新图书馆运动”论坛，在理论上做出了很大的突破。按说也没有什么新东西，《公共图书馆宣言》早就讲了，国外也已说了、做了有多年。但将其介绍到中国来，为其鼓与呼，并形成公共图书馆今天的局面，还是起到前锋的作用。

七八年前，我们的公共图书馆还存在收费、设门槛这样的举措，很多馆长也没有开放的理念。在上世纪末到本世纪初，基础理论的研究者，包括我在内，还是推动了图书馆事业很大的发展。刚才你说的以前学者提出的基础理论，包括周文俊老师的“文献交流引论”，最核心的东西还没有过时。

另一方面，现在资源多样化，人们不再依赖图书馆，这是一个事实，包括你和我在内，我们查找资源的时候，首先想到的是通过互联网，这和我以前一有问题就钻进书库里是类似的。但是人们总是需要一个物理空间，即使你掌握了全面的信息检索技术、数字文献利用技术，但你还会有一个书房。如果你没有，可能也希望设计一个理想中的书房。

顾晓光：是的，在数字大潮下，我购买纸质书却越来越多。

吴晞：在自己的书房中，琳琅满目，这和拿个手机查东西是两个概念。对于城市来说，也是如此。城市的公共图书馆是一个文化象征，在其中，我们可以查阅传统资源，也可以浏览网络资源。在上世纪80年代，信息技术刚刚兴起，美国超过70%的民众是通过图书馆掌握了相关的新技术应用，包括后来的互联网。我在文化部的时候，曾经提过一个口号“图书馆带你步入信息社会”，得到领导认可，他们现在还在用。我们面对的公众是参差不齐的，我们有责任让没有其他途径学习的人逐渐掌握利用新技术的本领。从这方面说，仅仅着眼资源建设是不够的。

顾晓光：我想到一个您和一些学者以前都持有的观点。大意是中国百年来公共图书馆的发展，是全盘西化的落地，甚至很难有什么中国特色。当然，既然在中国，肯定有中国化的成分在其中，但并不明显，基本上是理论的移植。现在您是否还坚持这个观点？

吴晞：是。中国的书籍历史非常灿烂，文化遗产也非常丰富。从这方面讲，我们比西方大多数国家要有优势。但今天我们所说的“图书馆”就是舶来品，是西方的产物。我们近代图书馆的产生、发展就是移植过来的，不是继承了诸如天一阁、文渊阁这样的藏书楼。

我在上世纪90年代就发表过这个观点，很多人反对，说我无视我们的文化遗产。我说你们没有把我的文章看明白，如果看明白了，就不会这样说了。这个观点也没有什么奇怪的，我们现在使用的东西大多是舶来品，小到身上穿的衣服，大到像共和国这样的国家体制也是西方的。我们的图书馆会受一些传统的影响，我们的目录学以及关于文献学的研究，对于今天的图书馆还有指导作用，但和今天的图书馆学和图书馆体制是两回事情。

顾晓光：您认为我们图书馆的发展和中国整体的发展相比，是同步的，还是超前的？

吴晞：在深圳，可能是超前的。“图书馆之城”正式认可的图书馆就有600多家，而且都是达到一定指标的。在西方国家，这也是很高的数字。我们还有200台自助图书馆，再加上鼓励民间图书馆的投入，而且深圳离香港近，很多地方都要和香港去比较。所以深圳地区的图书馆发展还是很快的。

在全国范围内，大型图书馆的建设是非常突出的，这几年出现了像广州图书馆、湖北省图书馆这样单体面积超10万平方米的图书馆，在世界范围内都是很少见的。虽然现在的理念并不是非要建大馆，要多在基层馆上投入，但这也是社会发展的象征。

我们公共图书馆的发展让美国同行很羡慕，这几年美国关闭了一些图书馆，规模缩减、购书费缩减、人员缩减。

**顾晓光**：我看到过一位读者在微博上抱怨深图，大意是在南方某个图书馆借书都不要钱的，而跑到深圳后，要先交钱（押金）才能借书（100—300元不等）。您如何看待这位读者的吐槽？

**吴晞**：此事缘起于某些图书馆近期出台的“服务创新”：免收借书证押金。我多次表示对此不敢苟同。

本世纪以来，中国的公共图书馆进入了全面免费的时代。免费服务在公共图书馆近乎“天条”，蔚成一时风气。恰如有的学者指出，这是本世纪中国图书馆、尤其是公共图书馆事业发展最为重大的进步和最为丰硕的成果。我本人和我所供职的深图就是其首倡者和积极推动者。

真理超越半步，往往就是谬误，就陷入误区。孔子说“过犹不及”，也是这个意思。当今某些公共图书馆推行借书证免收押金，并自诩为“服务创新”，就超越了图书馆的底线。各行各业都有自己的底线，而图书馆的底线之一，就是其藏书。建设藏书，保护藏书，进而汇聚知识，传承文明，是图书馆最为重要的天职，是图书馆之所以成为图书馆的本质特征。图书馆的这种功用被卡尔·波普尔称为“世界三”，国人也有“诗书继世长”的优良文化传统。图书馆的任何行为，都不能以损害其藏书为代价。

当今某些公共图书馆实行的借书证免押金政策，恰恰是以“借书不还”为代价的。某个地方领导甚至明确表态，由此造成的图书馆书刊丢失损失全部由财政增拨款项买单。在他们眼中，这是一项“惠民”的好事，如同是在给市民开粥厂、派红包、发利是，图书馆书刊的损失可以用金钱来补偿，馆藏的文献也是可以作为福利赠送给市民的。这是图书馆办馆方针的错位，也是对文明遗产和知识传承的漠视和无知。

图书馆收取押金来确保藏书免受损失，不是唯一的方式，甚至也不是最佳的方式。在高校和其他一些有固定读者群的图书馆，就无需用钱来做抵押。在我国香港和许多西方国家一些城市的公共图书馆，都是不收取借书押金的，居民诚信本身就是担保。但是在公民信用制度远未建立的我国大多数地方，如果不是寻求建立可以取代押金的担保制度，而是不惜损失图书馆的文献收藏，去搞此类“服务创新”，则有悖于图书馆的宗旨。

在一些公共图书馆，尤其是基层图书馆和社区图书馆，把多余的藏书廉价售给居民，甚至免费赠送，都是允许的，这也是西方社区图书馆常见的做法。但是无论如何，不能容忍“借书不还”，不能让那些品行有亏、需要教育惩戒的人享受这一“福利”，而让广大遵纪守法的公民蒙受由此带来的损失，如加大财政开支、损失公共文献收藏。就算是派红包、发利是，也要有个公平合理的发放途径和发放标准，不能混乱无序，更不能恶人先得。

我十分赞赏吴建中馆长的说法，公共图书馆发展是有最低纲领和最高纲领的：最低纲领是实现社会公正包容的使命，确保为每一个公民提供公平的服务；最高纲领是提供知识服务，为各界人士自由交流信息、共享人类知识提供一个信息化环境。这也是当前图书馆发展的两大目标、两大使命。我觉得，这两个纲领不是孰先孰后的关系，而是要并行不悖，齐头并进，图书馆方能健康发展。而图书馆藏书的齐备健全、保存完好，则是最基本的条件，尤其是实施知识信息服务这一“最高纲领”的前提和保障。

顾晓光：还有一个话题是杭州图书馆的“乞丐事件”，它成了少有的关于图书馆的社会话题。您怎么看?

吴晞：在杭图话题出现的第一时间，我就在《文化报》上发表文章高度赞许，并称“与有荣焉”。我们宣扬图书馆平等这么多年，连乞丐都不让进实在说不过去。读书人都是平等的，不论什么阶层。

现在有一种“民粹主义”的思潮，我们图书馆界也存在这种思潮。我对一位学者开玩笑说他就是在宣扬“民粹主义”，图书馆不是收容所。

我们公共图书馆现在忽略了“教化”的责任。我提这个，有学者就反对，他们就说你把读者分成三六九等。我在图书馆就要求读者不能穿拖鞋、背心。我们做事情要有个样子，读书就要有个读书的样子，图书馆也要为提高民众的文化水平和精神培养作点贡献，至少也要培养一些文明的习惯。

顾晓光：这也是尊重其他读者的做法。

吴晞：是这样。图书馆的教育职能还是不应该否定的。台湾地区的图书馆归“教育部”管理，这样它的教育职能就非常明确。它是教育的一部分，民众通过在图书馆读书来实现图书馆的社会教育、终身教育的职能。我们的图书馆归文化部门管理，它的教育职能就淡化了，属于文化活动的一部分。

顾晓光：有位深圳市民去深图，结果深图由于检修而没有开放，他在微博上表现出不满。您怎么看待公共图书馆365天开放？

吴晞：我不知道这位读者指的是哪件事，似乎深图从未因检修而关门，只是每逢周一例行闭馆。我很赞成复旦大学葛剑雄馆长的观点，不应强求图书馆365天开放，尤其是不必在法定节假日开门。

深图一直实行每周一例行闭馆的制度。很多时候有压力，来自领导，来自读者，也来自大力宣扬365天开放的某些图书馆。但每周有一天缓冲是十分必要的，馆员要轮休，设备要检修，就是组织全馆职工活动也要有个完整的时间。我们有200台自助图书馆全年24小时开放，同时我们协调全市各区图书馆，不要都是周一闭馆，时间错开，满足读者借阅需求应该不成问题。

节假日闭馆制度也是必要的，国外图书馆大多如此，但我们很难实行。这主要在于公共图书馆受文化局统辖，属于文化系统，而这个“文艺界”在节假日是最为忙碌的，主要演出和文艺活动都集中在这个期间，各个文艺团体和机关领导干部在节假日加班是常态。他们不认为同在文化系统的图书馆有什么特殊的地方，公共图书馆理应为假日文化繁荣作出贡献。

顾晓光：现在深圳已经有200台自助图书馆，但对于这个设备的使用，您前面也提到在业内有不少争论，特别是在书社会（http://www.librarysa-lon.com）有个集中的讨论。

吴晞：它在深圳的使用情况不错，市民欢迎，达到了我们的目的。我也理解很多不同的观点，包括认为这是逆图书馆发展潮流的做法。但是从我前面提到的自助图书馆利用数据看，民众对它的需求也是非常大的，这就是最好的理由。

顾晓光：还有一种说法是，自助图书馆只适合像深圳这样经济发展较好的城市，不具有普遍适用性。

吴晞：我同意，不主张盲目地宣传，更不要盲目上马。现在这样的宣传不是我们的本意，经济不发达地区使用它，不是什么好事情。还有，很多来深圳考察的其他地方文化局领导、图书馆馆长都对它的原理、网络结构不清楚，更不知道用什么平台来支撑、如何将资源通用起来、物流怎么管理，只是觉得这是个好东西，就拍板购买。如果图书馆没有充分调研就投入使用，我就非常害怕，怕他们花了钱却使用不佳。

虽然我不赞成盲目地推广，对于深圳来说，它确实是一个好东西。

顾晓光：自助借还机是中国首创的，主要的应用也在中国，包括台湾地区也有。最近我看到一个新闻很有意思，美国也开始使用这类设备，但与中国的情况相反，他们是没有钱盖实体新馆，用它来替代。

**吴晞**：把自助图书馆说成是图书借还机是贬低它了，它是一个图书馆，通过它，读者可以预借、OPAC查询、办证等，图书馆很多功能都可以实现。我们当时不知道费了多少苦心来设计。

**顾晓光**：新世纪以来，图书馆面临的机遇和挑战一直是业内的焦点话题。对于图书馆来讲，无论是“最好的时代”还是“最坏的时代”，“天下之公器”的地位受到了互联网资源的冲击，也受惠于互联网技术的发展。您如何看待Google和Amazon这样的互联网“私器”在“开放、平等、免费”方面对于“公器”的挑战？

**吴晞**：“最好的时代，最坏的时代”，是大文豪狄更斯在《双城记》中的名言，是英国维多利亚时代社会急剧发展、各种矛盾突出爆发的写照。现在人们喜爱引用这番话，是因为我们今天的社会与之颇有几分相似。

我觉得，今天的社会阅读、尤其是图书馆阅读，也是“最好的时代，最坏的时代”，根源都在于以IT技术为代表的各种新技术的涌现并在阅读领域大量应用。其表现，一方面是新技术极大地扩人了阅读的领域，资源极大丰富，获取极大方便，检索、利用手段日新月异，给图书馆乃至整个社会带来深刻变化，这是我们的前辈图书馆人不曾遇有的大好形势和发展机遇。另一方面，也给与阅读相关的出版界、书店和图书馆等机构带来危机。你所说的Google和Amazon带来的风波只是一个方面，这种新技术的冲击是全面的、总体的、带有根本性质的。由于读者阅读习惯的改变，社会信息渠道日益多样化，读者对图书馆的依赖程度降低甚至流失，使图书馆有了消亡的危机。近来业界出现过许多悲观的论点，甚至提出为图书馆做“尸检”（尸体解剖）。恰如“成也萧何，败也萧何”，新技术是一把最好的和最坏的双刃剑。

如果说“尸检”之类的说法还有些危言耸听，还不那么迫在眉睫的话，一些十分迫切的问题，如纸本资源收藏与否、传统文献与数字文献的关系、比例问题，就很现实地摆在图书馆面前，使我们不得不面对，不得不拿出解决的思路、方案。

在这个问题上，国内图书馆界有着截然不同的看法，并出现了一南一北两大大腕级的代表人物。

一位是北京的国家科学图书馆张晓林馆长，他多年大力倡导“电子文献先行（e-first）”，“网络先行（i-first）”，有人说他恨不能将所有纸质文献请出图书馆。另一位是广东中山大学图书馆程焕文馆长，他的宗旨是“保留一切有价值的纸片”，恪守纸质文献的核心地位。

那么，这两位大腕儿，我们到底应该听谁的呢？我历来主张两点：一是思想要激进，认识要超前；二是行动要保守，尤其是涉及采取到破坏现有资源和模式的措施，一定要缓行、慢行、三思而后行，或者说一慢二看三缓行。

我个人一直是图书馆现代化技术的鼓吹者，我所供职的深图也一直走在图书馆现代化技术的前列。但是遇到具体问题，就一定要采取慎重的态度。例如选择数字阅读还是纸本阅读，在个人来说是各有所好、见仁见智的事，但对图书馆就不一样了，因为涉及图书馆的馆藏模式和服务方针这样的根本大计，必须要有清醒认识和正确对策。因此，我们采取的对策是：图书馆数字化的发展方向是明确的，但目前图书馆的纸本文献仍然是不可缺少的。

这样讲主要是基于以下两个很现实的因素，或者说是非学理性因素：

1. 社会纸质文献资源极为丰富，还没有被数字文献完全取代。图书馆有“传承文明”的社会责任，要为后人留下完整全面的文化遗产，因此不能舍弃纸本资源。

2. 读者对纸质文献的需求很大，尤其是公共图书馆，我们不能忽略普通读者尤其是底层民众对传统文献的现实需求。

后者涉及图书馆的人文关怀，因此必须强调，不可漠视。

顾晓光：您曾经说过“让阅读回归图书馆学的主流领域，让图书馆学重新审视阅读在学科中的重要位置，是一代学人的责任，更是图书馆工作的迫切需要”，图书馆在阅读推广实践上有没有误区或者偏差？需不需要图书馆去进行阅读推广启蒙？

吴晞：在2009年中图学会换届大会上，我被推选为阅读推广委员会主任。我出任这个职位，纯属“赶鸭子上架”。前届主任是北大王余光教授，他是多年从事经典文献和经典阅读研究的专家，也是这个委员会的创办人。当时我是副主任，又和余光教授是老朋友、师兄弟，给他唱唱配角，敲敲边鼓，倒是满合适的。换届时，规定各位副理事长都不再担任各专业委员会主任，余光教授自然也不例外，于是我这个对此本无研究造诣的副主任就被“扶正”了。

改唱主角后，工作十分忙碌辛劳，要跑到全国各地参加会议，组织活动，但也确有收获，确有所悟。所悟者，主要有两点：一是阅读推广应是图书馆学和图书馆工作的主流领域之一，多年来受到不应有的忽略，这就如同我初到公共图书馆界的感受一样；二是全社会和广大读者确实需要图书馆阅读推广，其重要性和社会效益不可小视。

先说图书馆学和图书馆工作。图书馆界的权威文件，如《公共图书馆宣言》《中国图书馆服务宣言》，IFLA的相关宣言、决议、文件等，都把推进社会阅读、建立学习型社会作为宗旨、圭臬。这种精神是一以贯之的，涉及图书馆的核心价值和核心理念。这样重要的领域，我们的学科研究怎能是空白？

再从图书馆工作的角度看。有专家指出，“融合趋势”或是“综合发展趋势”(Development of Metropolitan Libraries)是今后图书馆发展的主流。这点现在已经是共识，而且已经被实践所验证。什么是“综合趋势”或“融合趋势”?通俗地解释，就是今后的图书馆不可能再按照老模式运作，满足于每日借借还还，看摊守点，必须全方位、多方面地开展工作，必须要做那些不是传统图书馆工作的事情，做那些似乎是其他部门做的事情。我们既是图书馆，又是信息资源集散地(ICP)，还是学校、展览馆、博物馆、音乐厅、文化讲坛、影视观摩厅、新书推介中心、学术交流场所、新技术体验中心，等等。只有这样，才能丰富和拓展图书馆的服务内容，提升和强化图书馆的服务品质，增强和扩大图书馆的服务影响。这种“融合趋势”或是“综合发展趋势”，主要就是通过阅读推广工作来实现的。

应该说，通过我们的不懈努力，现在形势有了很大的好转，不仅全国各地以图书馆为主体的社会阅读活动轰轰烈烈开展起来了，理论研究也跟了上来，而且发展态势也不错。我领衔申报的有关公共图书馆阅读推广的国家社科基金课题，已经获批。今年（2013年度）国家社科基金资助立项的课题中，阅读推广的课题破天荒地占到9个之多，而在2011年只有1个，2012年只有3个。成绩很是喜人，前景十分看好。

另一方面，我们的社会和广大读者也需要和欢迎图书馆的阅读推广。

全民阅读活动并不是图书馆一家的事情，但是我们还是要强调，图书馆是社会阅读的主体，要承担起独有的社会责任，完成他人不可替代的历史使命。为什么要这样讲？阅读虽然多种多样，但是我们还是要提倡深入的、学习型的阅读，通过阅读全面系统地掌握知识，而知识就是力量，穷则丰富人生，达则改造社会。即使是大众型、消遣性阅读，也要提倡多读书、会读书、读好书，通过有计划、有系统地读书，创建健康有益的文化生活。要进行深入系统的阅读，完整全面地掌握知识，图书馆是最好的场所，甚至是唯一的场所。只有图书馆，才具有完备的文献资源保障体系，才能为读书人提供全面系统的文献服务；也只有在图书馆，才能领略到完整的科学知识体系和全部的人类文化遗产，从而站在巨人的肩膀上来看这个世界。进入网络数字时代就更是如此，图书馆收藏的数据库集合成为不可或缺的社会主要资源。

当前理论界有人反对“深阅读”和“浅阅读”，或“读好书”的说法，认为图书馆工作者应该保持中立的立场，不干涉读者的阅读自由。此说当然有道理，读书没有高下之分，图书馆不应该排斥消遣性阅读，或是所谓的浅阅读，要提倡开卷有益，保障大众的阅读权利。但是我们必须清楚，在大众性阅读当中，图书馆同样也是最好的场所。这点和精英阅读、学习型阅读没有什么大的不同。即使是阅读《西游记》，也要读完全本，不能只看电视剧或《大话西游》；即使是读武侠小说，也要按照“飞雪连天射白鹿，笑书神侠倚碧鸳”的目录通读一遍，才算得上是初级的“金庸迷”“武侠迷”。社会阅读中的诸多不良现象，我们也不能坐视其蔓延，如娱乐至死，不娱乐毋宁死，为应试教育读书，不唯功利不读书，等等。目前还没有任何社会机构在阅读这一功能上可以取代图书馆。

具体说来，我们的图书馆阅读推广工作要引导那些缺乏阅读意愿的人，感受阅读的魅力，享受阅读的乐趣；训练那些不善于阅读的人，包括少年儿童，使他们学会阅读；帮助那些阅读困难人群，包括残障人士，提供相关的帮助；更重要的是服务，对所有的读者、所有的市民，包括高层次专业人士，提供阅读的便利。这样的阅读推广活动，自然会受到社会各阶层人士的欢迎。

顾晓光：如您之前所说，图书馆有教育的职能。

吴晞：我们的委员会，以前叫“科普与阅读指导委员会”，现在改为阅读推广委员会，这个更名是对的，但不能推卸指导阅读的责任。毕竟我们比一般民众多接触了一些书，多掌握了一些文献专业的知识，我们有责任将我们的所知所想和经验告诉他们。最近有书是否有好坏的争论，毕竟书还是有值得推荐和不值得推荐之分的，经过专家遴选推荐给大家一些好书，至于他读什么是他的选择。人的一生中能读的书有限，应该读些好书。就像吃饭一样，我们一生中吃饭的次数是可以计算出来的，如果再多吃些垃圾食品，就不好了。营养学家总要告诉大家什么是垃圾食品，什么是健康食品吧。

**顾晓光**：您参与创立的“公共图书馆研究院”已经成立近四年了，成立研究院的初衷是什么？这几年来的发展达到您的预期了吗？

**吴晞**：我多年来信奉和恪守“研究先行”的宗旨，凡大事、大决策均要有研究作基础。但在公共图书馆界，“研究”恰恰是其短板，经常遇事拍脑袋、跟风，或是领导说什么是什么。仅仅看图书馆自动化、数字化一事，就走了多少弯路，花费了多少冤枉钱，皆因缺少基本的研究。

当初创办“公共图书馆研究院”的起因就是想在公共图书馆界提倡研究之风，也向全社会宣传推介公共图书馆。研究院成立后，得到许多前辈长者和业界精英的大力支持。第二年我们起草了《中国公共图书馆发展蓝皮书（2010）》，可以说是该年度关于公共图书馆研究的集大成者。

我曾经设想为“公共图书馆研究院”这样独立于政府的半民间研究机构找到一个长久发展的路子，但由于生病和卸任，原有的许多设想没有办法完成。现在有关的研究工作主要由我担任主编的《公共图书馆》杂志承担。

顾晓光：您在20世纪九十年代曾任《大学图书馆学报》的副主编，现在也担任《公共图书馆》的主编和《中国图书馆学报》的副主编，也担任多家刊物的编委。本专业的学术期刊对学术环境的影响达到您的预期吗？

吴晞：我在九十年代初期担任《大学图书馆学报》副主编，实际负责刊物的编务，同时还兼任《北京高校图书馆学刊》副主编。到深圳后，深图创办了《公共图书馆》杂志，我任主编，还兼任《中国图书馆学报》副主编和一些专业刊物的编委。不大管具体编务，但都会热心参与，各刊物开编委会我都会尽量参加。

对于专业研究，广而言之对于一切读写工作，我有发自内心的喜爱，乃至偏执。我在2010年出版的论著集《天下之公器》一书的序言里说："我一直自认为是具备一些学者素质的。当然这不是指学问、才华、秉赋等，而是说我一直热衷于读和写，且不以为苦，乐此不疲。然而命运的安排却没有如我所愿，乃至一直没有做成专业的学者，至今还是‘玩票’的，只能‘虽不能至，然心向往之’，并假想此生如能专门以研究写作为业会有多么大的成就。”现在我依然持这种想法。

我给自己定下“功课”，有几种专业刊物是每期都要看看的，好的刊物是可以看出编者的激情和眼光的。但是现在很多专业刊物令人失望，有的已经从我的“功课”中抹去了。最令人反感是收取版面费发表论文，这不仅是“曲学阿世”，简直就是出卖学术良心，兜售学术垃圾。我任主编的《公共图书馆》就明确宣布，永远不收取版面费，发表的文章全部都支付稿酬。

顾晓光：您在自我简介中说“欲为葛天氏之民，安可得欤!”，这句话挺吸引我。我能感受到您有“人在江湖，身不由己”的无奈，更有对于自由、恬淡生活的向往。从内心来讲，对于这种理想生活，您更倾向于“出世”还是“入世”？

吴晞：若不是你这样问，我还确实没有认真思考过这个出世入世的问题。现在仔细想一想，真正让我奉为圭臬的还是“天行健，君子以自强不息”

的奋斗哲学。

自小受家庭传统教育影响，相信“天将降大任于斯人也”。后来逐渐明白，自己不是什么“天命在身”的人物，也不曾遇有什么“大任”，不过是平凡的图书馆员，但也应兢兢业业，恪尽职守，有一分热发一分光，倘有机会还要多发些光。我年轻时，有个口号是“革命加拼命，拼命干革命”，现在不提了，但我一直是以拼命的精神工作和治学的。当然也为此付出了代价，近年来做了两次心脏手术，想拼命也不行了。从2010年做了第二次手术后就不再主持深图的工作，2012年正式卸任馆长，现在只担任深圳市图书情报学会理事长的虚职。

我也曾想过，如果当年老老实实留在北大做馆员加学者，或者在文化部做官员，是否会更好些，至少身体不会糟糕到如此地步。结论是不后悔，因为我是按照自己的人生哲学生活的，本应如此。

现在社会上盛行避世、养生的哲学，常常见到这样的文章流传，引经据典，振振有词，却很难打动我。现在身体差了，不注意养生也不行，但不想以保养身体为唯一宗旨来打发今后的日子。看淡名利固然不错，但不等同于混日子，或以些许可怜的小事自娱自欺。如今光热已经所剩不多，就更要让生命燃烧好，活得有意义。退出行政职务，无官一身轻，却也一直没有闲着，除了按计划撰文著书，还要履行阅读推广委员会主任职务外，今年还领下一个国家社科基金课题，又够我忙一阵。

古人讲“三立”，立德、立功、立言。审视自己，大概是更适合“立言”的，而且今后也只有“立言”一途，能否有成不可知，至少还有这样的追求。

**顾晓光**：谢谢您接受我的访谈。

（《数字图书馆论坛》2013年12期）

# 作者附记

本书参考、采用了诸多当代学者的著述，除本人的论著及译著外，主要有：

选用历史资料最多的是李希泌、张椒华《中国古代藏书与近代图书馆史料》，中华书局，1982年版。

采用成说最多的是谢灼华《中国图书和图书馆史》，武汉大学出版社，2011年版。

各种数据和图表多引自张岩、王林主编《深圳模式——深圳图书馆之城探索与创新》，中国社会科学出版社，2017年版；张岩主编《深圳图书馆志（1986—2016）——纪念深圳图书馆开馆三十年》，海天出版社，2016年版。

部分图书馆学理论表述出自范并思《20世纪西方与中国的图书馆学》，国家图书馆出版社，2016年版；王子舟《图书馆学是什么》，北京大学出版社，2008年版。

有关中华人民共和国成立后图书馆的章节主要采用潘燕桃《近60年来公共图书馆思想研究》，中山大学出版社，2011年版。

部分材料出自韩永进《中国图书馆史》，国家图书馆出版社，2017年版。

依照《我们深圳》丛书的体例，文中不做参考文献标注。这里专此说明，并向以上提到以及众多未能一一提及的论著作者致以由衷的敬意和谢意。

地方。但是《公共图书馆法案》的出台和曼彻斯特公共图书馆的建立，却是公共图书馆诞生的标志，也是西方现代图书馆的历史起点。从此以后，世界上出现了以立法支持为基础、以公共资金为支持、对
先行者，被称为“公共图书馆之父”，曼彻斯特公共图书馆创立的1852年被认作是“公共图书馆元年”。从19世纪后期开始，公共图书馆的发展重心转移到了美国。这在很大程度上得益于美国“钢铁大王
。在1876—1923年间，卡内基捐赠了5,600多万美元的巨款，在世界各地修建了2,500多所图书馆，其中大部分是美国的公共图书馆。如此天文数字般的巨额捐款和相应的立法措施，使美国的图书馆逐渐
，杜威创建了《杜威十进分类法》(DDC)，奠定了他的现代图书馆学创始人地位。而后，杜威发起成立了世界上第一个图书馆专业协会“美国图书馆协会”(AI
西方国家涌现出一大批图书馆学家，形成了诸多的学派，改变了以往的图书馆内部类似师傅带徒弟的知识传授方式，使图书馆学由“技能”成为一门“学问”。理念
年，新型的西方式现代图书馆开始传入中国。自1840年鸦片战争后，西方各种舶来的“西洋景”陆续传入中国。但是在其后近半个世纪的时
进入了一个新的阶段，中华民族面临着前所未有的“千年变局”。1895年中日甲午战争的失败，使中国的民众，尤其是沉酣于几千年旧传统之中的
代著名的思想界先驱和维新派主将而闻名于世，但人们可能尚不熟知的是，他还是现代图书馆事业的主要倡导者、推行者和奠基人。
学堂藏书楼等早期图书馆的创建，晚年还曾担任京师图书馆馆长、中华图书协会首届董事长（董事部部长
亦不乏合乎历史潮流、经得起历史检验的措施和成果，兴建新型图书馆就是其中之一。
。这些新型图书馆的问世，为衰朽的清王朝涂抹了最后几点亮色。
上从头开始的。这里无须做专业化的论证，只举一个例子来说明。“图书馆”
们心目中，图书馆就是个外来的新事物，是不折不扣的“
和信息的权利。这种社会条件在西方到了19世纪中叶才日臻成熟，而
为武昌文华书院任英语教员。任教之余，韦棣华尝试在
碑意义。韦棣华这位为中国公共图书馆事业无私奉献一生的美国女
——新型图书馆取代旧式藏书机构，成为社会
然而，自此以后，特区出了个图书馆，中国有了个引领潮
公共图书馆的状况亦如狄更斯所描述，进入了一个
貌，成为深圳特区的骄傲和全国标志性的公
书馆举步维艰，方向迷失，屡走弯路，倍感困惑。深圳
公共图书馆改革的大潮。值得欣慰的是，在这历
们首次提出了图书馆人文精神这个带有根本性原则的
编目体系，倡导数字文献建设和数字阅读。与此
图书馆。我们充分利用这一条件和时机，全力打
，解读相关的公共图书馆
知晓深图，要
纸张和印刷术出现之
重器。史载，夏朝将要灭亡之时，太史令
。”(《史记·萧相国世家》)
宫，下及诸子传说，皆充秘府”（《汉书
唐之后，随着纸张和印刷术的发
述和讲义，别具特色。书院藏书可在院
有多少藏书楼和藏书家？
机构称图书馆，这一历史变化的过程
我国古代文献收藏的总
亡以楼，蜀人号书楼孙家。”这两处唐代
一来，“藏书楼”就成了古
曾用作书写的材料，所以
“藏书楼”。中文“图书馆”一
特制订的高等教育纲
图书馆的名称才开始在社
与区别，是为了澄清这样一个史实：中国古代的藏书、
色，并独具异彩。但这些因
新，反映在藏书方面，则是
史上的第二次大变革。唐宋之际，雕版印刷
定：子孙能读者，则以一人尽居之；
苛刻：司马(天一阁的创始人范钦)殁后，封闭甚
天一阁只不过是两个典型的例子，类似的
藏书家并非全都是守财奴式的角色，也有卓尔不群者。例如
书，“使学者于以习其业，传钞者于以流通其书，故
书不具备转变为新型文献机构的基本机制，不可能成为近现代图书馆
和中国社会发展的结果。三、新芽萌动——西方现代图书馆的产生及传入中
献收藏，当时的文献形态主要是书写在泥版上的楔形文字，称“泥版文书”。亚述王国时
入，但西方古代及中世纪的图书馆与我们今天意义上的近现代图书馆是有重大差异
而非社会所有成员。新型公共图书馆的产生实际上是社会民主、公民权利、社会平等和信息公正
称为现代公共图书馆的理论奠基人和先行者。在他的努力下，英国
归纳为：依据政府立法建立，公费支持，免费服务，以及社会成员无区别服务。这些理念堪称经典，为其后各国公共图书馆
上升为“保障公民的信息获取权利”。自19世纪后半叶，现在图书馆发展的重心转移到了美国。美
迅速增长，读者服务规模急剧扩大，迫切呼唤与之相适应的新理论和新学科。西方现代图书馆的高速发展催生了
1873年，杜威创建了《杜威十进分类法》(DDC)，奠定了他的现代图书馆学创始人地位。DDC后来成了世界上最多图
icago，简称GLS)。GLS的学风和理论追求影响了整整一代图书馆学家，被后人称为“芝加哥学派”。芝加哥学派是一个前后默契的学术集体，
只的偏爱，早期的美国图书馆学教育更像职业培训，而不是科学知识的传授和科学研究规范的训练。GLS以及芝加哥学派改变了这一状况，他们致力于
学最有影响的学术中心。自杜威以来，现代图书馆学一直是美国学者的天下，只有印度的阮冈纳赞成为在世界图书馆界具有广泛影响的图书馆学家。阮冈纳赞（S. R. Ranganathan，1892—1972）生于印度
等职务。在50多年的图书馆学生涯中，阮冈纳赞撰述了丰富图书馆学著述，其中《冒号分类法》《图书分类导论》《图书馆学五定律》等对图书馆学的发展产生了深远的影响。与芝加哥学派不同，阮冈纳赞
理念支撑、事业发展、学科形成，三者共同构成了基本的构件，图书馆尤其是公共图书馆这个“天堂”，就是在此基础上建造起来的。西方图书馆的历史发展证实了这一点。美国图书馆协会发布了《图书馆
直接催生了《公共图书馆宣言》。1949年，联合国教科文组织通过了《公共图书馆宣言》，正式表达了世界文化知识界和图书馆界对公共图书馆的基本立场。概括起来，《公共图书馆宣言》重点向世人阐明
年又做了两次修订，内容虽然有所补充订正，但其主要精神是一以贯之的。现在通行的为1994年版，其正式名称为“国际图联/联合国教科文组织：公共图书馆宣言（1994）”（IFLA / UNESCO：Public L

我们深圳

# 首部深圳人文
# 大型文库

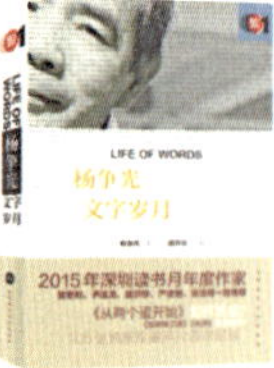

图书馆，图书馆的基本理论支撑也从古代社会的“保存人类文化遗产”，上升为“保障公民无障碍阅读自由和平等获取信息的权利”。这些认识现在仍是公共图书馆的核心理念。因此，爱德华兹是现代公

w Carnegie，1835—1919）的贡献。卡内基自幼贫寒，得益于在免费的公共图书馆读书，才有了日后的事业发达，因此对公共图书馆有深厚的感情。后来他将自己巨额财富的90%用于慈善公益事业，其中

，读者服务规模急剧扩大。由此，图书馆在美国等西方国家成为蓬勃发展的事业。事业的飞速发展迫切呼唤与之相适应的新理论和新学科。现代图书馆学的创始人是美国学者麦维尔•杜威（Melvil Dew

办了世界上第一份图书馆学专业刊物《美国图书馆杂志》，并出任过哥伦比亚大学图书馆馆长、纽约州立公共图书馆馆长等重要职务，因此杜威享有“现代图书馆事业之父”的美誉。

E此基础上建造起来的。西学东渐 西学，亦称西潮，西风。西学东渐是近代中国特有的重要历史现象和发展潮流。现代图书馆也不例外。在19世纪末和20世纪初，

新事物采取蔑视、排斥的态度，大凡遇有新事物，皆以“盖我中华古已有之”来自欺和抵制。19世纪90年代是一个重要的转折点。这一时期西方

明，由此奠定了兴办图书馆的社会基础。在晚清大力倡导兴办新型图书馆的有识之士群体中，梁启超是最为杰出的代

家和活动家。他多年为兴建西方式的新型图书馆奔走呼号，撰写了大量推动舆论的雄文，还亲自参

一历史阶段。过去人们对于“清末新政”的评价偏于负面，将其说成是清政府苟延残喘、欺骗人民的伎俩

1909年，京师图书馆（后来的北京图书馆、国家图书馆）正式建立，标志着创建中国现代图书

座现代图书馆是以古代藏书楼为母体继承发展而成的。中国的图书馆从产生之日起，走的便是一条全

本，但先驱们却偏偏选用了这个外来的新词语。可见在梁启超和当时

人文意识成熟的结果。公共图书馆的使命，就是从制度上保障民众尤其

的韦棣华到中国探望做传教士的弟弟，此后留居

现代公共图书馆。文华公书林的创建和开放，在我国公共图

所利用，转变为公共化、社会化、公益化，形成了面

时，也与当年曼彻斯特公共图书馆相类似，并

利亚时期的时代特征。在深圳创建的20世纪80年代后

施”之一，深图自问世时起，就以典雅的馆舍、

型。这些横亘在发展的道路上的障碍就像

。我和深图团队乃至全国志同道合的同仁们

卷。概括起来，我们主要做了以下几件具有开

”技术，创建“文献智能管理系统”，

深图新馆建成开放，成为当时全国

打造“阅读之城”。在以下各章里，我会进

永远是图书馆工作的重中之重，古今概莫能外。

《墨子•卷八》）此外还应再加上“刻于甲

的编撰、管理与保存。这些史官乃是要职，史官

户口多少，强弱之处，民所疾苦者，

为我国古代藏书的主流。史载，汉武帝时期

载”（《墨子•卷七》），都是当时

置外，还有朝廷赏赐和官员捐献，另外

，涌现出大量的著名藏书楼

和图书馆 我国古代藏书的场所称藏书

构，老子就相当于周王朝国家图书馆的馆长。

号李书楼。”又据《郡斋读书志》载

书机构也开始仿效民间的藏书楼，冠之以

eca。Library源自拉丁语的Lib

。对于Library或Bibliotheca，中国人最

机构才开始多了起来。1903年，清政府

机构。直到1904年，湖南图书馆、湖北图书馆

来没有得到广泛应用。厘清藏书、藏书楼

代和中世纪文明中的文献收藏相比，

代藏书初兴的殷周二朝，是“学在官府”

府藏书之外的各种文献收藏开始多了

个典型的例子。祁承𤡅对自己的子孙及其藏

了。而享誉明清两代的藏书楼范氏

饿肚皮无异，与文献收藏的本来意义相去何

服务公众的社会化任务。这是我们不

“藉书园”，专门为“穷乡僻壤，寒门窭士

义举，不是其应有的社会职能和历史使命。损

头在西方，但是创建中国现代图书馆的主角是中国人

明的早期。早在公元前4000年左右，美索不达

出现了对部分市民实行某种程度开放的公共图书馆。

定的服务对象，或是皇家成员、达官贵胄，或是神职人员、学院师生，

书馆的历史起点。如前文所述，当时英国有一位名叫爱德华

程中应运而生的。爱德华兹和曼彻斯特公共图书馆为后世留下了有关公共图书馆

资金为支持、对市民完全免费开放的公共图书馆。从此，图书馆发展的理论支撑从古代和中世纪

多万美元的巨款，在世界各地修建了2,500多所图书馆，其中大部分是美国的公共图书馆。美国的图书馆事业由此而形成规模，图书

从一种社会“职业”向一种科学“专业”过渡，或者说从“工作”变成了“学问”，这个专业或学问就是图书馆学。现代

一而足。这里仅以美国芝加哥学派和印度阮冈纳赞为例。1928年，芝加哥大学成立了一所具有博士学位的图书馆学院（The Graduate Library

伦比亚大学创办图书馆管理学院后，改变了以往的图书馆内部类似师傅带徒弟的知识传授方式，这是图书馆学发展史上的重大进步。但受到当时各种条件的限制

生存的哲学问题，同时也以社会科学中的实证方法或思辨方法研究图书馆问题，并以此挑战经验图书馆学。这是20世纪图书馆学最为重要的变革，即理性主义的兴起。在20世纪60年代之前，芝加哥学

斯教会学校数学系，曾任数学系副教授。1924年阮冈纳赞出任马德拉斯大学图书馆馆长，担任这一职务直至1944年，其间曾赴英国学习图书馆学，后来还担任过印度大学图书馆馆长、德里大学图书馆学教

及印度民族特有的思维习惯，使图书馆学更加理性化，逻辑严密，并且可加以证明。譬如他关于图书馆学五定律的理论，就是从数学家的审美观出发，不满于经典图书馆学的经验描述，从而阐发出的新理

和《图书馆权利宣言》（1939年），使得现代公共图书馆的理念日渐深入人心，逐渐成为世界各国人民所普遍接受的普世通则。1948年，联合国大会通过并颁布了著名的《世界人权宣言》，其中关于人人享

图书馆是现代民主政治的产物，也是民主制度的保障和民主信念的典范；二、要立法保障公共图书馆事业发展，完全或主要由公费支持；三、对社区所有成员实行平等的服务，全部免费开放。《公共图书

《公共图书馆宣言》的问世是世界图书馆发展史上的重大事件。它既是有关公共图书馆思想理论的集大成者，又是指导现代图书馆建设的利器，对世界各国公共图书馆的发展起到了重大的推动和指导作用

总策划 / 出版人：

胡洪侠

策划编辑：

孔令军 岳鸿雁

责任编辑：

岳鸿雁 林洁楠

技术编辑：

杨杰 何杏蔚

装帧设计：

杨军

图书在版编目（CIP）数据

营造"天堂"：深圳图书馆之路 / 吴晞著. -- 深圳：深圳报业集团出版社, 2019.8

ISBN 978-7-80709-890-4

Ⅰ. ①营… Ⅱ. ①吴… Ⅲ. ①公共图书馆—图书馆工作—深圳 Ⅳ. ①G259.276.53

中国版本图书馆CIP数据核字(2019)第145834号

深圳市文化创意产业发展专项资金资助项目

《我们深圳》文丛

营造"天堂"：深圳图书馆之路

Yingzao Tiantang Shenzhen Tushuguan zhi Lu

吴晞 / 著

深圳报业集团出版社出版发行

（深圳市福田区商报路2号 518034）

中华商务联合印刷（广东）有限公司印制

新华书店经销

开本：889mm×1230mm 1/32

字数：220千字

版次：2019年8月第1版 2019年8月第1次印刷

印张：9.5

ISBN 978-7-80709-890-4

定价：50.00元